国家"双高"建设新形态教材

造船工程管理

主　编　郑　力

副主编　卢　馨

主　审　朱韩钢

哈尔滨工程大学出版社

Harbin Engineering University Press

内容简介

本书是国家"双高"建设新形态教材,按照"造船工程管理"课程标准要求编写。

本书共分为7个项目,从认识造船工程到设计、计划、物资、信息系统管理、质量、成本等方面进行了编写。本着"理实一体、工学结合"的原则,全书采用项目引领、任务驱动,基于教学活动的形式编写,将关键知识分解为教学活动,针对每个教学活动进行教学,每个教学项目都融入了思政元素,使学生在教师引导下不仅能完成教学活动,同时也提升了思政素养。

本书为高等职业学院船舶工程技术专业教材,同时也可供船舶与海洋工程专业学生及有关专业技术人员参考。

图书在版编目(CIP)数据

造船工程管理/郑力主编. —哈尔滨 : 哈尔滨工程大学出版社,2023.10

ISBN 978-7-5661-3945-0

Ⅰ. ①造… Ⅱ. ①郑… Ⅲ. ①造船-工程管理 Ⅳ. ①F407.474

中国国家版本馆 CIP 数据核字(2023)第 193964 号

造船工程管理

ZAOCHUAN GONGCHENG GUANLI

选题策划	雷 霞
责任编辑	马佳佳
封面设计	李海波

出版发行		哈尔滨工程大学出版社
社	**址**	哈尔滨市南岗区南通大街 145 号
邮政编码		150001
发行电话		0451-82519328
传	**真**	0451-82519699
经	**销**	新华书店
印	**刷**	哈尔滨午阳印刷有限公司
开	**本**	787 mm×1 092 mm 1/16
印	**张**	10
插	**页**	7
字	**数**	264 千字
版	**次**	2023 年 10 月第 1 版
印	**次**	2023 年 10 月第 1 次印刷
定	**价**	42.00 元

http://www.hrbeupress.com

E-mail:heupress@ hrbeu. edu. cn

前　言

　　本书根据船舶企业管理领域的职业岗位任职要求,参照相关的职业资格标准,围绕典型工作任务进行编写。其特点如下:

　　(1)思政引领教材建设,结合我国船舶工业发展历史,现阶段船舶企业管理特点,深入挖掘课程思政元素并与课程内容融合进行教材建设;

　　(2)任务驱动、工学结合,分析船舶企业相关管理岗位工作内容,搜集所需背景知识,设计教学活动;

　　(3)满足船舶工程技术专业人才培养方案、课程标准,以企业需求为导向,职业素质为核心,对接岗位需求,完成教材建设;

　　(4)教材配套在线课程同步建设,采用混合式理实一体化教学模式进行教学。

　　在 线 课 程 网 址:https://www. xuetangx. com/course/bhcy56051006200/16909612?channel＝i. area. manual_search

　　本书的项目1、项目2由渤海船舶职业学院郑力编写,项目3、项目5由渤海船舶职业学院孙程程编写,项目4由渤海船舶职业学院齐蕴思编写,项目6由渤海船舶职业学院卢馨编写,项目7由渤海船舶职业学院宋晶晶编写。线上课程由陈宏宇、王小亮、姚淑香建设,全书由郑力担任主编,卢馨担任副主编,江苏新时代造船有限公司朱韩钢担任主审。

　　本书在编写过程中得到了众多同行、专家的帮助和支持,在此致以深深的谢意。由于编者水平有限,书中疏漏与错误之处在所难免,欢迎读者批评指正。

编　者

2023 年 8 月

目　　录

项目1 认知造船工程

【项目描述】

船舶工业具有资金密集、技术密集、劳动力密集和信息密集等特点,其产业关联度大,在我国国民经济和国防建设中发挥着重要的战略作用。经过几代人的艰苦努力,我国船舶工业的技术水平和管理水平已经有了长足的进步,但与其他造船强国相比,我国船舶制造企业技术实力、管理效率和产品结构还存在着显著差异。我国船舶工业国际竞争力的提高,由"造船大国"向"造船强国"的转变,需要有一套科学、系统的理论和方法加以指导。

本项目首先介绍了世界造船业格局和我国船舶工业的发展现状,在分析船舶制造管理复杂性和我国船舶工业与世界造船强国造船模式差距的基础上,指出我国船舶工业存在的主要管理问题,提出了现代造船管理的概念,分析了当前船舶制造管理的主要特点。

【船舶精神】

党的十八大以来,以习近平同志为核心的党中央高度关心船舶事业发展,多次做出重要指示批示,多次在重要讲话中肯定核潜艇精神、航母精神和载人深潜精神,这是中国船舶领域的崇高荣誉。

几十年来,以"自力更生、艰苦奋斗、大力协同、无私奉献"为主要内涵的核潜艇精神,以"爱国、创新、科学、拼搏、协作"为主要内涵的航母精神,以"严谨求实、团结协作、拼搏奉献、勇攀高峰"为主要内涵的载人深潜精神,是船舶人战胜一切困难的有力法宝,也是国防科技、船舶工业战线的宝贵精神财富。

一、核潜艇精神的内涵

自力更生,是指在吸收借鉴国外及国内其他行业先进技术与管理模式的基础上,锐意进取,开拓创新,更好地提高自身核心竞争力,更多地依靠自身力量,独立自主地将核潜艇事业做大做强。

艰苦奋斗,是指在任何条件下都能保持昂扬的斗志,迎难而上,自强不息,突破各种艰难险阻,登上一座又一座科技高峰。

大力协同,是指顾全大局、通力协作,树立"核潜艇工程全国一盘棋"的观念,团结互助、互相支持,共同提高装备研制水平。

无私奉献,是指甘于寂寞、乐于奉献,干惊天动地事,做隐姓埋名人,不断增强从事装备研制事业的自豪感和使命感,不争一时之利,不计个人得失,艰苦奋斗,勇往直前,实现装备研制事业跨越式发展。

二、航母精神的内涵

爱国，是指牢记神圣使命，忠实履行强军首责，弘扬爱国奋斗精神，建功强国强军事业。

创新，是指瞄准世界先进水平，坚持科技兴装、质量强装，树立追求卓越、精益求精理念，打造一流军品工程。

科学，是指遵循客观规律，坚持科学态度，求真务实，真抓实干，一步一个脚印地加快推进海军装备建设。

拼搏，是指保持昂扬的斗志，迎难而上，自强不息，甘于奉献，干惊天动地事，做隐姓埋名人，矢志兴装强军。

协作，是指集中精力，周密组织，团结奋斗，集智攻关，高质量完成海军装备研制任务。

三、载人深潜精神的内涵

严谨求实，传承"实事求是"的思想路线，体现追求真理的科学态度，是指导深海载人潜水器研制和应用的思想基础和客观要求。

团结协作，传承集体主义精神，体现友爱互助、和谐共进、创新发展的时代特色，是完成载人深潜装备研制和应用任务的根本保障和坚强基石。

拼搏奉献，传承不畏艰险、艰苦奋斗、勇往直前的革命英雄主义优良传统，体现胸怀祖国、忠于职守、攻坚克难、敢于担当的奋斗精神，是中国载人深潜团队完成研制和试验任务的精神力量与内在支撑。

勇攀高峰，传承永不满足、奋发图强的进取意识，体现与时俱进、敢为人先、追求卓越的创新思维，是夺取载人深潜研制和试验胜利的执着追求和强大动力。

任务一　船舶工业发展概况

【活动一】　知识准备

一、世界船舶工业发展概况

船舶工业是承担各种军民用舰船及其他浮动工具的设计、建造、维修、试验和配套设备生产的重工业，是现代大工业的缩影，是关系到国防安全及国民经济发展的战略性产业。船舶工业产业关联度高，不但为水运交通、能源运输和海洋开发提供装备，而且又是海军舰船装备的主要提供者，也是国民经济和国防建设的支柱性产业之一。

随着经济的发展及技术的进步，世界造船业已呈现出明显的空间转移趋势。从欧美向以中国、日本及韩国为代表的东亚国家转移，世界造船业已进入了中、日、韩及欧美四级新格局的时代。

1. 中国

我国在中低端市场具有较强竞争力，并逐步向高端市场挺进。我国船舶工业已能设计各类国际先进水平的散货船、油船、集装箱船三大主流船型,形成了一批标准化、系列化船型,有的已成为国际品牌,可自由完成液化石油气船、液化天然气船、化学品船、汽车滚装船等高技术船舶的设计,基本掌握了超大型浮式生产储油设施装置的关键技术,具备了自主设计大型自升式钻井平台和半潜式海洋平台的能力。

2. 日本

日本定位于中高端市场,主打船型有液化石油气船、液化天然气船、超大型油轮,同时进入豪华邮轮市场,代表厂商有今治、川崎、三菱、日立等。日本为加强船舶工业的产业基础,保持国际竞争力,始终注意加强基础管理、推进信息化、采取环保措施和加大新技术的开发与应用。自 20 世纪 90 年代,日本造船业进行大规模重组、处理过剩设备、削减人员、进行产业结构调整,研究开发具有高环保性能、低噪声特点的新一代沿海运输船舶(超级经济船,该船具有高效天然气动力和电力推动力系统),积极开发高级船舶安全管理系统,现已取得一定成效。

3. 韩国

韩国定位于中高端市场,主打船型有大型集装箱船、液化天然气船、超大型油轮,其正在介入豪华游轮市场,代表厂商有现代、三星、大宇三家造船厂。韩国造船行业 2008 年在造船完工量、承接新船订单和手持船舶订单三个领域,连续六年居世界首位,其比较发达的钢铁、机械工业为造船提供了钢材和机械保证,同时也降低了成本。日本和欧洲的主要造船企业近年来因为经营困难而纷纷进行大规模结构调整,也为韩国造船业发展提供了机会,同时韩国造船业已经创造了自己独特的管理方式,生产效率快速提高,成为业界的领跑者。

4. 欧美

欧美定位于高端市场,其具有竞争力的主打船型为豪华游轮,代表厂商有法国大西洋船厂、芬兰阿克船厂、意大利坎蒂尼船厂等。美国造船侧重于军品,代表厂商有巴斯钢铁公司、朴茨茅斯海军造船厂。2009 年欧美地区出现经济衰退后,船东购买新船动力不足且融资环境变差,全球订单量大幅缩减。

二、造船模式发展历程

1. 造船模式的演变

模式是指事物的标准形式或可照着做的标准样式。众所周知,造船有着不同的建造方式和方法。即使建造的船舶相同,在不同船厂进行,技术水平与生产条件的差异,船舶建造的方式和方法也不尽相同。尽管造船的方式方法多种多样,且难求形式上的统一,但这并不影响造船生产的基本原则和基本方式的统一。船舶制造是一个极为复杂的制造工程,它由船体、舾装、涂装工程组成,具有作业面广、工作量大、工种多、安装复杂、设计和制造周期长的特点,如何高效率、高质量、安全地建造船舶,是造船工作者长期以来的目标。

造船模式是组织造船生产的基本原则和方式。它既反映组织造船生产对产品作业任务的分解原则,又反映作业任务分解后的组合方式,这种分解原则和组合方式体现了设计思想、建造策略和管理方法三者的有机结合。造船模式的演变过程实际上是人们不断地追求提高造船的生产效率、确保建造质量和缩短造船周期的过程,也就是如何用科学先进的造船模式来解决"怎样造船"和"怎样合理组织造船生产"的问题。造船模式是不断发展变化的,但在一定时期内又是稳定不变的,追溯世界造船史,我们可以看到其大体经历了四个阶段,已经形成了四种模式:

- 第一个阶段(20 世纪 40 年代以前的铆接船时代),按功能系统组织生产的造船模式;
- 第二个阶段(20 世纪 40 年代中后期的全焊接船初期),按区域系统组织生产的造船模式;
- 第三个阶段(20 世纪 50 年代末 60 年代初形成),按区域阶段类型组织生产的造船模式;
- 第四个阶段(20 世纪 70 年代初形成),按区域阶段类型一体化组织生产的造船模式,此种模式一直沿用至今,已被国内外造船界公认为当今最先进的造船模式。

以上四种模式从本质上看可分为两大类,前两种模式为一类,称为系统导向型的传统造船模式;后两种模式为另一类,称为产品导向型造船模式,如表 1-1 所示。

表 1-1　造船技术水平、模式及特征一览表

第一级水平	第二级水平	第三级水平	第四级水平	第五级水平
整体制造模式	分段制造模式	分道制造模式	大批量定制模式	敏捷制造模式
木船制造技术	焊接技术	成组技术	模块化造船技术	敏捷制造技术
系统导向	系统和区域导向	区域、类型和阶段(中间产品)导向		
船台散装	分散建造	分段建造	壳舾涂一体化	设计制造一体化
码头舾装	预舾装	区域舾装		
整船涂装	预涂装	区域涂装		
劳动密集型		设备密集型	信息密集型	知识密集型
离散型生产过程			连续型生产过程	
传统造船		现代造船(模块化造船模式)		未来造船

2. 现代造船模式的一般概念

现代造船模式的主要特征就是把传统造船按功能系统和专业的设计生产管理方式改变为按区域阶段和类型的设计生产管理方式,又把传统造船的全能性质改变为总装厂性质,可以形象化地认为现代造船模式是一种以区域代替系统的造船模式,也就是把区域作为船舶建造过程中的一个产品,整合所需的一切生产资源,含人、财、物,进行合理的空间上分道、时间上有序的船体建造舾装涂装一体化作业,以确保船舶建造质量与生产效率的提高、建造周期的缩短以及生产成本的控制,这种模式已成为现代造船行之有效的一种造船模式。传统造船模式与现代造船模式的比较如表 1-2 所示。

表1-2 传统造船模式与现代造船模式的比较

特征	传统造船模式	现代造船模式	
		初级阶段	高级阶段
生产组织特征	系统导向型(按功能/系统/专业)	区域导向型(按区域/阶段/类型)	产品导向型(按中间产品/阶段/类型)
设计技术特征	手工画图	手工与计算机画图相结合	计算机画图
制造技术特征	按专业划分作业	按区域划分作业	按中间产品划分作业
管理技术特征	按专业分系统管理(属调度型)	按区域综合管理(属计划调度型)	按中间产品综合管理(属计划型)
计算机应用特征	性能计算	CAD/CAM/MIS	CIMS

3.现代造船模式的内涵

现代造船模式是通过科学管理,特别是通过工程计划对各类中间产品在船舶建造过程中的人员、物料、任务和信息的强化管理,以实现作业的空间分道、时间有序、逐级制造、均衡连续的总装造船。现代造船模式运用了许多新理念、新技术,如统筹优化理论、系统工程技术、成组技术。所以现代造船模式可理解为以统筹优化理论为指导,以中间产品为导向,按区域组织生产,船体舾装涂装作业在空间上分道、时间上有序,实现设计、生产、管理一体化,均衡连续的总装造船。

现代造船模式的基础是区域造船(按区域阶段类型组织生产),目标则是以中间产品为导向,实现两个一体化区域造船,其主要基础是生产设计和科学管理,它们犹如两个车轮推动着传统造船模式的转变,其主要内涵有以下五个方面。

(1)成组技术的制造原理和相似性原理及系统工程技术的统筹优化理论是形成现代造船模式的理论基础。

(2)应用成组技术的制造原理,建立以中间产品为导向的生产作业体系,是现代造船模式的主要标志。

(3)中间产品导向型的时差作业体系的基本特征是以中间产品的生产任务包形式体现的。

(4)应用成组技术的制造原理进行产品作业任务分解,并应用相似性原理,按作业性质及区域阶段类型分类成组,必须通过生产设计加以规划,其中按区域分类成组建立区域造船的生产组织形式是形成现代造船模式的基础和必要条件。

(5)应用系统工程的统筹优化理论优化现代造船生产作业体系。壳舾涂一体化是以船体为基础、舾装为中心、涂装为重点的管理思想。把壳舾涂不同性质的三大作业类型,建立空间上分道、时间上有序的立体优化排序,涉及生产管理、一体化制造设计、生产管理三者的有机结合,在设计思想、建造策略和管理思想的有机结合中,以正确的管理思想作为三者结合的主导。

4. 现代造船模式的特点

（1）对生产设计工作进行变革，生产设计的过程是在图纸上完成模拟造船的过程。

（2）以中间产品为导向，实现分段区域化制造。

（3）在分段制造过程中最大限度地实现壳舾涂一体化作业。

（4）作业者的专业分工逐渐消失，向一专多能方向发展。

（5）设备的采购供应实现纳期和托盘化管理。

（6）造船生产计划实行节点管理，造船生产的计划性得到了有效加强。

（7）船舶制造过程逐步实行有条件的集成化、模块化、标准化。

（8）船舶制造厂向总装厂发展。

现代造船模式的推行和有效实施，必将把造船企业的制造技术和生产管理的水平推向一个新的高度。

三、我国船舶工业发展概况

我国造船业有着悠久的历史。目前，在全国已形成了上海、辽宁、江苏、广东、山东、浙江、福建等船舶建造及维修基地。本任务主要分析我国船舶工业发展现状、特点及面临的主要问题。

1. 我国船舶工业发展现状

（1）产业关联度大，国家高度重视船舶工业的发展

船舶产业关联度大，与国民经济 116 个产业部门中的 97 个部门都有关联。船舶产业是提升我国装备制造业水平和促进国民经济优化升级的支柱性产业，在国民经济体系中占有重要的战略地位，在确保国防安全和经济安全方面的作用至关重要，其发展正处于百年不遇的战略机遇期，近年来国家高度重视船舶工业发展，制定了若干促进船舶工业发展的中长期发展规划，如表 1-3 所示。

表 1-3   我国支持船舶工业的发展规划

序号	国家规划	规划内容摘要
1	《国务院关于建设现代综合交通运输体系有关工作情况的报告》（2021）	多种智能交通方式建设有序推进，无人机、智能船舶、智能网联汽车、无人仓加快应用
2	《关于巩固回升向好趋势加力振作工业经济的通知》（工信部联运行〔2022〕160 号）	加快邮轮游艇大众化发展，推动内河船舶绿色智能升级。提高大飞机、航空发动机及燃气轮机、船舶与海洋工程装备、高端数控机床等重大技术装备自主设计和系统集成能力

表 1-3（续）

序号	国家规划	规划内容摘要
3	《"十四五"工业绿色发展规划》（工信部规〔2021〕178 号）	壮大绿色环保战略性新兴产业。壮大绿色环保战略性新兴产业。着力打造能源资源消耗低、环境污染少、附加值高、市场需求旺盛的产业发展新引擎,加快发展新能源、新材料、新能源汽车、绿色智能船舶、绿色环保、高端装备、能源电子等战略性新兴产业,带动整个经济社会的绿色低碳发展。加快发展绿色智能船舶等战略性新兴产业,带动整个经济社会的绿色低碳发展

（2）我国船舶工业发展态势强劲,市场份额逐年扩大

进入 21 世纪以来,我国船舶工业造船完工量、新接订单量、手持订单量持续保持快速增长,产业规模和竞争地位不断提高,船舶工业整体水平迈上了一个新台阶,如表 1-4 所示,近五年我国新船完工量占比稳居世界第一。船舶工业的迅速成长,对原材料和机电设备的需求增加,直接推动了钢铁、机械、电子、化工、专业化服务等在内的上游产业的快速发展,极大地带动了我国大型技术装备研发、制造与集成及基础工业技术水平的提升,在我国产业结构调整和升级中,起到了积极的推动作用。

表 1-4　中、日、韩三国新船完工量及分析

国家或地区	指标	2018 年	2019 年	2020 年	2021 年	2022 年
中国	百万载重吨	35.2	36.7	38.5	39.7	37.9
	占全球比重	44%	37.2%	43.1%	47.2%	47.3%
日本	百万载重吨	20.1	24.8	22.6	16.9	15.7
	占全球比重	25%	25.1%	25.2%	20.1%	19.6%
韩国	百万载重吨	19.8	32.6	24.4	24.7	24
	占全球比重	25%	33%	27.3%	29.3%	30%
全球	百万载重吨	80.5	98.8	89	84.1	80

目前我国船舶工业正持续保持平稳快速发展的态势,处于造船大国向造船强国转变的关键时期,各项经济指标持续快速增长,2009 年世界造船三大指标市场份额如表 1-5 所示,但受全球航运造成市场持续低迷的影响,船舶行业新船成交大幅下滑、撤单及延期交船现象持续蔓延,我国船舶工业的发展正面临风险不断扩大、形势更加复杂的考验。

表 1-5　2009 年世界造船三大指标市场份额

项目	指标	世界	韩国	日本	中国
2009 年造船完工量	万载重吨/占比(%)	12 203/100	4 378/35.9	2 899/23.8	4 243/34.8
	万修正总吨/占比(%)	4 872/100	1 555/31.9	984/20.2	1 523/31.3
2009 年新接订单量	万载重吨/占比(%)	4 219/100	1 487/35.2	90/2.1	2 600/61.6
	万修正总吨/占比(%)	1 149/100	316/27.5	17.6/1.5	711/61.9
2009 年底手持订单量	万载重吨/占比(%)	48 884/100	17 224/35.2	8 831/18.1	18 817/38.5
	万修正总吨/占比(%)	15 313/100	5 284/34.5	2 322/15.2	5 389/35.2

2. 我国船舶工业发展特点

作为现代化的传统工业,船舶工业具有劳动密集、资金密集、技术密集和信息密集等特点,并对国家经济综合国力和国防力量具有带动性,综合目前经济形势,我国船舶工业运行的主要特点有以下几个方面。

(1)国家高度重视危机冲击,积极采取应对之策

面对国际金融危机对我国船舶工业的冲击,国家及时出台了《船舶工业调整和振兴规划》,以及科研开发、技术改造、融资信贷、结构调整、扩大内需等配套政策。

(2)大型企业迅速崛起,产业集中度进一步提高

随着一批大型造船企业迅速崛起,船舶产业集中度进一步提高,以 2009 年造船完工量为例,我国造船产量突破 100 万载重吨的企业达到了 11 家,前十家企业造船完工量达 2 217.6 万载重吨,占全国总量的 52.3%,比 2008 年提高 2.3 个百分点。

(3)海洋工程装备取得突破,高新技术船舶建造得到发展

第六代半潜式钻井平台、CJ46 型 356 英尺①自升式钻井平台研制成功并陆续交付,世界首座圆筒形超声水钻探储油平台和 3 000 米深海铺管船建成交付,三艘 14.7 万立方米 LNG船顺利交付,首艘 3 000 吨级小水线面综合考察船、海洋天然气水合物综合调查船等新产品成功交付。

(4)船舶企业普遍开始加强生产运营监管与加大经营工作力度

金融危机爆发对各造船企业生产提出了更高要求,带来了新的考验,船舶工业行业协会、主要造船集团公司、各地方骨干造船企业加强了经济运行情况的分析和发布工作,并在保证产品质量和提高生产效率上下功夫,各级政府主管部门加强了月度生产情况监测,建

---

①　1 英尺约等于 0.304 8 米。

立和完善针对重点造船企业的网上直报系统,及时了解生产计划执行情况,发现问题积极协调。

（5）金融机构加大了对船舶工业的支持力度

我国各类金融机构贯彻《船舶工业调整和振兴规划》,加大了船舶融资的力度,纷纷与重点骨干船企签订战略合作、保函授信、流动资金贷款、国内贸易融资、买方信贷等各类船舶融资协议,减少了船厂资金压力和国外船东因资金不足而引发的撤单问题,帮助企业保交船、保订单和承接新的订单。

（6）各省市积极贯彻规划精神,加大对船舶工业的支持力度

江苏、浙江、山东、福建、辽宁等主要造船省份制订通过《船舶工业调整振兴计划》,在财税、金融、兼并重组、产业投资、结构调整等方面明确调整方向,加大对船舶工业政策扶持力度。经过多年的发展,我国造船业的技术水平、管理水平有了很大提高,虽然在某些环节和世界领先国家相比还有差距,但我国具有综合比较优势和劳动力成本的绝对优势,资金比较充裕,生产率提高空间很大,后发优势明显。

3. 我国船舶工业发展面临的主要问题

随着中日韩造船业逐渐进入战略性对抗竞争阶段,为了争夺市场,抢占船舶科技制高点,各国争相加强科研开发的强度,船舶产品的发展获得了许多重大进步。无论在新船型开发,老船型优化,还是在船用配套设备研制及基础共性技术研发等方面,其发展速度达到了前所未有的程度,船舶科技的发展已经进入了一个新的阶段。相比之下,我国船舶工业在高技术、高附加值船舶研发,绿色环保船用配套设备研制及船用基础性共性技术储备等方面的技术水平与世界先进水平相比,还存在较大差距,面临的主要问题如下。

（1）金融危机对船舶工业影响

船舶工业具有明显的行业滞后效应,就目前来看,金融危机对船舶工业的影响是非常明显的,船舶工业现在已经是我国最困难的行业之一,这很大程度上是十几年前金融危机的反映,当前我国船舶工业保稳定、调结构任务繁重。

（2）产能过剩将成为船舶工业结构调整的突出问题

根据对未来船市需求的预测,我国造船能力产能过剩已成为突出问题,目前我国的船舶行业在产业结构上存在三大问题:一是同质性问题,大部分为生产常规的散货船、油船,而高技术、高附加值船舶生产能力不足,属结构性能力过剩;二是产业集中度低,手持订单分布在多家船厂,产业集中度低,必然缺乏竞争力;三是我国船舶工业手持订单中散货船所占的比例高,散货船市场的巨大波动,将对这部分订单带来较大风险。

（3）我国在高技术、高附加值船型研发建造上仍处于起步阶段

我国高技术、高附加值船舶建造正处于起步阶段,在诸多船型开发上仍大大落后于造船强国,例如在液化天然气船、豪华游艇、冰区船舶等方面,技术空白状态比较明显,技术的自主知识产权拥有率低。

（4）国外基础共性技术积淀深厚,我国技术储备薄弱

虽然当今世界的造船中心已经转移到了亚洲,但是西方发达国家仍然牢牢掌握着尖端船舶设计建造技术,这与其深厚的基础共性技术积淀不无关系,为了进一步开展在基础共

性技术方面的研究,发达国家还进行了持续的投入,并促进制定更为严格的技术标准,以引领船舶科技的发展方向。反观我国目前仍然以应用型技术研究为主,在基础共性技术方面的研究仍显薄弱,在三大主流船型研发设计方面,虽然已经具备自主开发设计能力,但在设计的精细化、标准化、经济性等方面与国际先进水平相比差距明显,在高技术、高附加值船舶的研发设计方面,部分核心技术尚未完全掌握,对国际新公约、新标准的适应能力落后于日韩等先进造船国家。

（5）我国面临国际造船新规范、新标准的严峻挑战

船舶的安全环保问题,日益受到国际社会的广泛关注,近几年国际海事组织(IMO)正在制定和实施一系列贯彻节能减排、安全环保质量要求的国际造船新规范、新标准,如船舶协调共同结构规范(HCSR)、新船能效设计指数(EE-DI)、涂层新标准(PSPC)、目标型船舶建造标准(GBS)、压载水管理公约(BMW)等,凡此种种,为我国船舶工业筑起了一道道技术壁垒,对我国船舶工业提出了严峻挑战,我国不少企业和船舶不适应或不符合有关规定和标准,追赶先进的难度不断加大。

（6）国外造船管理效率高,我国造船管理水平还有待大幅提升

日本和韩国造船企业设计管理人员具有强烈的成本意识,强调把价值工程方法全面应用于企业的设计生产管理的全过程之中,全面推行精细化设计、精细化生产和精细化管理。我国在这方面与日韩有明显差距,我国造船企业的资源消耗量明显高于日韩,我国造船企业在粗放型管理模式下,对吨位及产值增长的热情较高,习惯于以外延扩大再生产方式发展造船经济,对降低资源消耗缺乏紧迫感。设计、生产、管理人员对开展功能成本分析、消除产品多余功能的工作缺少积极性和主动性。我国造船业和日韩相比,劳动力成本优势明显,但造船效率并不高,涉及生产管理一体化的现代造船模式的实现,需要信息技术做支撑,而信息技术应用和支撑不足,使我国的造船效率提升受到极大牵制;尤其在生产管理上船舶制造资源优化配置技术水平较低,目前完全达到资源集成阶段的船舶制造企业还没有,大部分小船厂普遍处于粗放信息管理阶段,一般大中型船厂处于单一功能信息阶段,特别好的船厂处于设计制造集成阶段,生产管理基本处于粗放式的调度型为主的传统模式。

（7）配套能力低下已经严重制约我国造船业的发展

在国际新公约、新规范的推动下,主机及相关配套设备的产品加速升级,且不断产生新的配套设备需求,而我国船用配套中包括主机在内的主要设备均以许可证生产和购买专利为主,具有很强的技术依赖性,自动化、通信导航等高端配套产品基本依赖进口,在新型船舶建造领域,本土化率更低,我国船舶制造业与相关配套产业协调发展的局面并没有形成,上层建筑、单元、模块等中间产品的生产厂家在我国还未形成合理的配套布局,这严重制约了我国造船业的发展。

4. 我国造船工程管理与造船强国的主要差距

日本、韩国等国的造船模式,正从第四级向第五级水平(敏捷制造)的方向发展,我国的造船模式正从第二级、第三级即分段、分道建造向集成建造过渡,敏捷制造、集成制造都离不开信息技术的支持。日本、韩国等国已经实施数字化造船,作为造船企业提升其核心竞争力的重要措施,依托信息技术实现优化管理,具体表现在以下五个方面。

（1）信息化注重顶层设计，依次从基础层、信息资源层、软件层、应用层四层构建全面数字化造船体系。

（2）多项信息化技术应用于船舶产品全生命周期的设计生产和管理。典型的如韩国三星重工开发的数字化造船系统，建立了船舶从设计到建造的流程模型，实现了与 CAD 系统的有机结合以优化建造过程、人力配置、建造方法以及物流安排。

（3）主要造船企业均实现了整体信息化，实现了一级工艺、一级计划、一级用工、一级核算的管理模式，从而实现了物流可控、计划可控、人员可控、质量可控。

（4）重视数据管理。精细化造船的关键是强化数据管理。造船企业经过多年的积累已经形成了完备的设计、生产、管理、数据体系，企业从上至下非常重视数据管理工作，并把能够有效推进数据管理，作为评价干部是否合格的标准，造船企业的设计部门能提供系统完整的满足生产部门需要的生产管理数据，生产现场也能通过规范化的信息反馈渠道收集到完整的反馈信息，形成有效的数据管理循环，工程计划管理完全依据物料、工时等一系列数据计算生产能力，进行生产负荷和资源配置的动态平衡分析，编制日程计划、负荷计划和资源配置计划。

（5）推行日报制度。造船企业数据管理的三大关键环节是数据收集、数据处理、数据分析，其数据管理的精髓是实际数据、标准数据、计划数据所形成的数据管理循环的基本规律。对反馈工时信息真实性的认识方面，我国和日韩造船企业有明显的区别，日本造船企业认为反馈工时信息收集必须坚持日报制度，日报信息可能一天不真实两天不真实，但不可能一年365天每天都不真实；同时，反馈工时信息的处理分析不是把某些局部的、个别的数据作为制订计划的依据，而是对大量的系统的数据进行数理统计分析，以加权平均值、统计平均值作为制订计划的依据，数据统计的结果呈正态分布，因此个别不真实数据对数据分析结果影响不大。

我国造船业发展的每一步，也都与信息技术的应用密不可分，我国造船工业从1970年开始采用造船 CAM 技术，使造船生产效率和加工质量有了较大的提高。20世纪80年代后期船舶工业统一组织开发了 CASIS、CADIS 和 MIS 等造船系统，有力地促进了船舶企业的信息化进程。国内造船企业目前在船舶初步设计方面，大都采用国外 NAPA 船舶设计系统，在船舶详细设计和生产设计方面，国内各大船厂和设计院所主要采用国外的 TRIBON、CADDS5 以及国内的 SB3DS、SPD 等造船 CAD 系统。管理方面，少数船厂引进了韩国 HANA、大宇造船 CIMS 系统或 MARS 造船生产物流系统等。但目前多数造船厂管理信息化仍然处于部门及信息系统的应用，信息孤岛现象严重，信息集成性差主要体现在以下方面。

（1）产品设计制造、管理信息一体化的集成度较低，数字化设计、制造、管理各主线尚未贯通，数字化制造技术效能远未发挥。

（2）数字化应用的重点仍集中在解决技术与工程问题上，没有与企业的业务流程、运营模式和管理变革有效结合，尚未有效地促进体制创新、管理创新，往往有了先进的造船系统和装备，却以传统的观念和模式来运行，难以发挥数字化应有的效益。

（3）尚不能全面使用计算机辅助设计控制和分析造船过程的工时消耗、生产成本和生产进度，不能动态掌握实际情况并提供分析，使生产处于实时可控状态。

（4）船舶数字化测试、虚拟设计、虚拟建造和产品数据管理等技术的应用尚为空白或刚

❖ 起步,因此产品先期研制水平低、周期长,数字化管理缺乏完整信息资源。

（5）船舶制造资源优化配置技术的应用处于较低水平,企业的生产管理和协调仍以现场调度型为主,满足精细管理要求的造船管理信息系统研究和应用尚处于初级阶段,管理还处于粗放型。

（6）船舶核心设计软件基本从国外引进,难以掌握数字化造船主动权。

（7）缺乏有效数据管理,由于设计部门不能提供系统完整的生产管理数据,生产现场不能收集到规范的反馈信息,数据管理退居次要位置,数据不是制订计划的唯一依据,所以生产管理部门缺乏数据管理的积极性和主动性。

【活动二】 对比世界和我国造船工程发展

梳理世界和我国造船工程发展进程,填写表1-6。

表1-6 我国造船工程与世界造船工程对比

	优势	劣势
世界造船工程		
我国造船工程		

任务二　造船工程管理的复杂性和必要性

【活动一】　知识准备

船舶制造系统是一个复杂的大系统,由分散的物质、信息、资金等相互联系的子系统组成,系统内的各子系统组成了一个有机的整体。以接受新船建造或维修订单为起点,通过购进原材料和其他配套件,在各种内外部条件约束作用下,将外部输入转变为有用的产品——船舶。船舶制造管理的复杂性主要表现在以下几方面。

一、产品对象的复杂性

船舶被誉为海上浮动的建筑,该称号足以反映其构成的复杂性。船舶是由许多部分构成的,船舶产品的中间产品众多、内嵌模块多、模块定制多、界面复杂、系统集成、技术密集、涉及多领域的知识、研发成本高且研发几乎融入整个产品流程之中、建造周期长、系统的不确定因素多。按各部分的作用,可综合归纳为船体、船舶动力装置、船舶舾装和其他装备三大部分。

1. 船体

船体是船舶的基本部分,可分为主体和上层建筑部分。主体部分一般指上甲板以下的部分,它是由船壳(船底及舷侧)和上甲板围成的具有特定形状的空心体,是保证船舶具有所需浮力、航行性能和船体强度的关键部分,一般用于布置动力装置、装载货物、储存燃油和淡水,以及布置其他各种舱室。为保障船体强度,提高船舶的抗沉性和布置各种舱室,通常设置若干强固的水密舱壁和内底,在主体内形成一定数量的水密舱,并根据需要加设中间甲板(一层或数层)或平台,将主体水平分隔成若干层。上层建筑位于上甲板以上,由左右侧壁、前后端壁和各层甲板围成,其内部主要用于布置各种用途的舱室,如工作舱室、生活舱室、储藏舱室、仪器设备舱等。上层建筑的大小层楼和形式因船舶用途和尺度而异,一般都设艏楼,上层建筑的主要部分位于机炉舱区域之上,运输货物船舶的上层建筑长度较短,而客船和科学考察船的上层建筑则是很讲究的。船体结构大多用钢材,由板材和型材组合成板架结构。

2. 船舶动力装置

船舶动力装置包括推进装置(即主机)、减速装置、传动轴系以及驱动推进器(螺旋桨是主要的形式),为推进装置运行服务的辅机机械设备和系统,如燃油泵、滑油泵、冷却水泵、加热器、过滤器、冷却器等;船舶电站、发电机、配电板等为船舶的甲板机械、机舱内的辅助机械和船上照明等提供电力;其他辅助机械设备,如锅炉、压气机(和空气瓶)、船舶各系统的泵、起重机械设备、维修机床等,它们并不全是为主机服务的。通常把主机(及锅炉)以外的机械装置统称为辅机。

3. 船舶舾装和其他装备

船舶舾装包括舱室内装结构(内壁、天花板、地板等)、家具和生活设施(炊事、卫生等)、涂装和油漆、门窗、梯和栏杆、桅杆、舱口盖等。船舶的其他装置和设备中,除推进装置外,还有锚设备与系泊设备、舵设备与操作装置、救生设备(救生衣、救生筏、救生艇及其收放装置)、消防设备(探火和灭火设备与系统)、船内外通信设备(船内电话、无线电台)、照明设备、信号设备(号灯、号旗等)、导航设备(雷达、各种定位仪、探测仪及计程仪等)、起货设备、通风空调和冷藏设备(食品库和冷藏货舱用)、海水和生活用淡水系统、压载水系统、液体舱的探测系统和透气系统、舱底水疏干系统、船舶电气设备(包括电缆电气控制板箱,蓄电池变压器和变流机等)、船舶设备中的其他电气设备(照明、通信、信号、导航等设备)、其他特殊设备(依船舶的特殊需要而定)。

二、组织管理的复杂性

船舶建造工程为典型的项目管理,并且是多项目并行的复杂项目管理,由于造船企业规模大、重复作业比率低、离散式装备制造难以采用流水线和专用工装设备进行生产,系统的效率较低;作为典型的单件小批生产,船舶产品的建造周期长,加工装配是一个动态复杂的网络系统,同时涉及外部企业众多,不但用户直接参与和影响设计,采购制造过程、设备供应商、项目分包商、其他合作伙伴也会不同程度地参与管理流程。无论对内还是对外,由于造船生产协作性强、误工成本高,且因生产设计制定或执行偏差意外变更等原因,经常产生物料紧急调度的要求,由于造船企业的劳动力形式如电焊工等,绝大部分一线工人都以外包工的方式管理,削弱了企业制度行为规范的约束力,而造船厂面积大,若船厂的布局规划、生产部门安置、分段加工不合理,就会产生大量的监控死角。为使造船从单件生产转变为以中间产品为导向的批量流水生产,可以应用模块化设计方法,实现产品简化目的,对组成产品的零部件进行标准化和模块化设计,以降低零件数量,利用模块的相似性来减少产品结构和制造结构的变化,通过模块的选择和模块间的组合来实现产品的多样性。

三、生产资源的复杂性

造船资源涉及的范围很广,有些是无形的技术资源,而有些是有形的资源,包括人力资源、设备资源和场地资源。而技术资源的劳动成果、应用系统资源和物料资源,最终都依托有形资源的使用并发挥效益。为按照现代管理理念重构造船管理业务流程,必须一切用数据说话,因此对于资源的规范表达与协调使用,成为亟须解决的一个重大问题。造船涉及的生产资源众多,受到的影响因素也众多,如天气变化对造船工程进度的影响等,船舶工程计划的编制是一个多项目、多任务、动态平衡的过程。如果没有造船工程物料数据做基础,没有针对各类影响因素的快速应变机制,就不可能合理地规划生产流程与生产计划流程,平衡生产能力资源。造船工程物量指的是造船过程中所需要的各种资源和各制造级产品的量化数据,是造船生产过程和生产管理的基础数据,是规划生产流程,制订生产计划和平衡生产能力的依据。

四、成本控制的复杂性

成本控制是企业永恒的主题,但由于造船成本控制的复杂性,许多造船企业虽然在加大成本控制力度,却仍存在一定的片面性,其反映出来的问题主要如下:

(1)一味追求以降低成本为目标,成本管理与企业的战略相脱节。

(2)成本管理所要求的管理基础未达标,管理基础工作对成本管理影响很大,成本控制和管理受制于定额管理、成本原始记录物料的计量等。目前船舶企业普遍管理基础薄弱。

(3)成本控制局限于制造成本,未能进行成本全过程控制。船舶产品70%~80%的成本,在设计阶段就已锁定,因此需要以市场为驱动,将成本管理思想灌输到报价、开发、设计、生产、服务等过程,对每个阶段制定目标成本,将成本计算与产品设计一体化,才能达到根本性地降低成本,这需要从工程学技术层面上去把握成本信息,从开发设计阶段开始,结合工程学的方法,对成本进行预测监控。以全生命周期成本思想进行成本管理。

(4)成本控制只重视表面的成本不注重提高生产效率。国内企业对成本控制局限在对看得见或容易抓住的成本上,如制造过程中的原材料采购价格、管理费等方面,很少考虑如何从提高设备利用率、劳动生产效率等隐性方面来控制成本,而成本控制要从源头控制开始。

(5)传统的成本核算方法,不能满足决策需要。

(6)成本分析体系不完善,难以对决策做出有力支持。

(7)成本考核未能落实到位,难以有效提高企业效益。主要体现在没有进行成本责任中心管理,没有将成本责任落实到具体的责任主体,考核成为摆设,内部价格体系制定不合理,使考核缺乏公正性,不能有效促进企业经济效益提高,考核过程中只注重成本降低,不考虑效益,一味降低成本而影响了企业产品质量和产品竞争力。

(8)目标成本与实际成本数据脱节,对比分析无法实现。针对造船企业成本管理的复杂性,一是要有计划、有规划、有目标;二是要有行动、有作为、进行具体的工作,而不是一直停留在口头上;三是对成本管理工作要进行检查分析和考核,找出差异及其原因,并进行必要的反馈;四是根据反馈的差异分析原因,制定完善、必要的改进措施并加以执行,上一个成本管理循环结束就进入下一个成本管理循环,最终使造船企业达到对成本进行事前预算、事中控制、事后考核、准确分析的目标。

五、交货期控制的复杂性

船舶产品交货期要求严格,而为保证按期交货,会涉及以下几方面。

(1)工程计划管理体系较庞大,由于涉及的组织机构层次较多,计划执行不畅通。

(2)对负荷平衡的要求高,缺乏有效的负荷平衡技术作为企业营销决策的支撑,是许多船厂节点控制力差的重要原因。

(3)对计划控制手段要求高,船厂在制订工程计划时,往往先确定目标再制订施工计划,即我们常说的倒排计划,这种工程计划的确定方式既不能控制人、物、设施,也不能控制进度,其最终的状态是以牺牲节点目标为代价。

(4)工程计划管理标准化是现代造船模式的标志之一,这方面国内船厂的管理水平差距较大,有的船厂有较完善的工程计划管理体系,齐全的工程作业标准,但有的船厂则在很大程度上依靠管理者的经验来维系工程计划的运作。

(5)工程计划管理依赖于信息化手段,工程计划管理体系的运作与信息系统的依存度越来越高,但大部分船厂尚未实现工程计划无纸化管理,计划信息及工程进度信息尚呈低效运作状态。

综上所述,针对造船产品对象、组织管理、生产资源、成本控制、交货期控制的复杂性,必须实施科学的船舶集成制造管理,运用各种现代管理理论实现船舶企业生产经营过程中的人力资源、信息流、物流和价值流的有机集成和优化运行,并在交货期、成本及质量等方面达到总体优化,提高企业的快速应变能力和综合竞争能力。

六、造船工程管理的必要性

针对船舶制造管理的复杂性和我国造船管理上的主要差距,我国造船企业为实现提高造船效率和快速发展的历史使命,必须在深入分析船舶建造过程中的管理特点与管理需求的基础上对症下药。

针对我国船舶制造业全生命周期涉及的主要管理职能与分析得到如下特点与需求。

1. 船舶设计与制造必须集成

目前我国船厂普遍存在设计信息化实施较好,但设计活动相对独立,与后续的生产与管理环节缺乏直接的信息交流,为实现高效造船必须有基础信息的支持,即一方面要对船舶设计信息能集成管理,另一方面设计领域与制造领域的信息需要做到无缝集成。

2. 船舶建造计划必须实行集成控制

我国各大造船厂的生产组织体系、工程计划、管理计划、编制方式等大都借鉴了日本船厂的先进经验,但目前我国造船企业无论是计划管理理念还是计划决策方式,与日韩相比仍处于形似而非神似的状态。目前普遍存在的调度型生产进度计划存在的问题是计划编制要素之间孤立,而且从上到下逐层细化过程中存在层间割裂,负荷与资源配置的吻合度不高,导致计划的可控性不强,为将造船过程管理从调度型转变为计划可控型,必须建立完善的造船工程计划管理与控制体系,基于完整详细而又精确的计划网络和精确的供实物量数据指挥生产运作。

3. 船舶建造物流必须实行集成控制

目前船厂在物流上普遍存在的问题是手工工作量巨大,导致信息传递效率低下,而信息的共享性差又为生产技术准备工作带来了诸多不便,同时钢板堆场管理水平不高,托盘集配效率不高的问题也比较突出,未将采购的重点由如何和供应商进行商业交易活动的低效率、封闭式采购管理模式转向信息共享、全程监控的完全采购计划指导下的规范采购运作,必须通过物流控制与设计和生产计划结合,建造计划与托盘集配结合,保证均衡的物流节拍。

4. 船舶建造成本必须集成控制

目前许多船厂在成本管理上一味以降低成本为目标,而忽略了生产效率的提升,同时成本控制往往局限于制造成本,成本管理的基础工作与成本考核不到位,这一切都使得成本管理活动存在较大的片面性。为转变这种局面,必须注重成本控制的和谐性、成本控制目标的多元化与控制的联动性,实现全方位、全过程、全员的成本控制。

5. 船舶建造质量必须集成控制

该领域主要存在的问题是质量控制水平偏低,使得质量管理处于被动,为此必须在质量方针和目标的指引下建立质量控制和管理体系,制定质量检验标准,通过全面质量管理实现对船舶产品质量形成过程的质量监督和控制。

6. 船舶建造信息资源必须集成管理

通过以上特点与需求分析可以发现,为实现以上五点需求,必须集成定义与管理船舶建造的相关信息资源并沉淀为标准,包括产品类、管理类、场地类、作业类、标准类资源。

综上所述,为实现我国造船模式上的飞速发展,必须对船舶建造全过程实行集成管理,这需要基于信息化的集成制造管理平台的支持。但是目前我国船舶制造领域尚无完整的基于信息化的集成制造管理总体解决方案,而这恰恰是转换造船模式、保障造船管理水平达到世界先进水平的重要支撑,是推动和促进我国成为世界第一造船大国、强国的重要手段,一些船舶制造企业希望通过引进国外软件的同时引进先进的管理模式。但是引进国外软件存在三个问题:一是引进投资巨大;二是我国企业管理的环境理念、体制上的特殊性,使得引进后的软件有大量的本土化工作要做,其难度往往超出预期;三是针对我国造船强国的目标,日韩等国均已加紧限制包括软件、数据、标准等涉及企业核心竞争力的先进造船技术对我国的输出,加之软件供应商出于商业利益和技术保密,实施知识产权保护和进行技术垄断,使得系统开放性差,严重影响用户的深化应用。因此我们亟须针对中国国情,研究满足现代造船模式的船舶集成制造理论,并基于此开发船舶集成制造管理信息化平台。

【活动二】 造船工程管理的复杂性和必要性体现在哪些方面

造船工程管理的复杂性和必要性体现在哪些方面?请填写表1-7。

表1-7 造船工程管理的复杂性和必要性

	复杂性	必要性
造船工程管理		

【课后习题】

一、判断题

1. 随着经济的发展及技术的进步,世界造船业已呈现出明显的空间转移趋势,从欧美向以中国、日本及韩国为代表的东亚国家转移。　　　　　　　　　　　　　　（　　）

2. 目前中国造船业的格局是:在中低端市场具有较强竞争力,并逐步向高端市场挺进。　　　　　　　　　　　　　　　　　　　　　　　　　　　　　　　　（　　）

3. 目前欧美造船业的格局是:定位于中高端市场,主打船型有液化石油气船、液化天然气船、超大型油轮,同时进入豪华邮轮市场。　　　　　　　　　　　　　　　（　　）

4. 目前我国船舶工业发展的现状是:产业关联度大,国家高度重视船舶工业的发展;我国船舶工业发展态势强劲,市场份额逐年扩大。　　　　　　　　　　　　　（　　）

5. 面对国际金融危机对我国船舶工业的冲击,国家及时出台了《船舶工业调整和振兴规划》等指导性文件和科研开发、技术改造、融资信贷、结构调整、扩大内需等配套政策。　　　　　　　　　　　　　　　　　　　　　　　　　　　　　　　（　　）

6. 一系列造船新规范、新标准,为我国船舶工业筑起了一道道技术壁垒,对我国船舶工业提出了严峻挑战。　　　　　　　　　　　　　　　　　　　　　　　（　　）

7. 欧美船厂在诸多船型开发上仍处于落后阶段,高端船型技术空白状态比较明显,技术的自主知识产权拥有率低。　　　　　　　　　　　　　　　　　　　　　（　　）

8. 船舶制造管理的复杂性主要表现在以下几点:产品对象的复杂性、组织管理的复杂性、生产资源的复杂性、成本控制的复杂性、交货期控制的复杂性。　　　　　（　　）

9. 作为典型的大批生产,船舶产品的建造周期长。　　　　　　　　　　　　（　　）

10. 由于造船企业的绝大部分一线工人都以外包工的方式管理,会增强企业制度行为规范的约束力。　　　　　　　　　　　　　　　　　　　　　　　　　　　（　　）

11. 造船资源涉及的范围很广,包括人力资源、设备资源和场地资源、技术资源,这些资源相互依存,相互制约,影响因素众多,难以平衡。　　　　　　　　　　　（　　）

12. 造船企业要多考虑如何从提高设备利用率、劳动生产效率等方面来全面地控制成本。　　　　　　　　　　　　　　　　　　　　　　　　　　　　　　　　（　　）

13. 无论对内还是对外,由于造船生产协作性强、误工成本高、因生产设计制定或执行偏差意外变更等原因,经常产生物料紧急调度的要求。　　　　　　　　　　（　　）

14. 工程计划管理体系较庞大,由于涉及的组织机构层次较多,计划执行不畅通,会造成交货周期的不确定性。　　　　　　　　　　　　　　　　　　　　　　　（　　）

15. 现代造船模式的主要特征就是把传统造船按功能系统和专业的设计生产管理方式改变为按区域阶段和类型的设计生产管理方式。　　　　　　　　　　　　　（　　）

16. 成组技术、相似性原理、统筹优化理论是形成现代造船模式的理论基础。　（　　）

17. 中间产品导向型的特征是以中间产品的生产任务包形式体现的。　　　　（　　）

18. 日韩的造船模式正从第二级、第三级向第四级发展。　　　　　　　　　（　　）

19. 我国造船企业数字化应用的重点仍集中在解决技术与工程问题上，没有与管理链接。　　　　　　　　　　　　　　　　　　　　　　　　　　　　（　　）

20. 要想实现我国造船模式上的飞速发展，必须对船舶建造全过程实行集成管理。　　　　　　　　　　　　　　　　　　　　　　　　　　　　　（　　）

21. 质量控制水平偏低，不会使质量管理处于被动。　　　　　　　　（　　）

二、选择题

1. 标志着我国海洋工程装备取得突破的事件有_____。

A. 我国第六代半潜式钻井平台研制成功并陆续交付

B. 我国 LNG 船交付成功

C. 大型集装箱船交付成功

2. _____年全球金融危机爆发，船舶工业现在已经是我国最困难的行业之一，当前我国船舶工业保稳定、调结构任务繁重。

A. 2010　　　　　　B. 2020　　　　　　C. 2021

3. 我国在_____研发建造上仍处于起步阶段。

A. 油船　　　　　　B. 散货船　　　　　　C. 高技术高附加值船型

4. 当今世界的造船中心已经转移到了_____。

A. 欧洲　　　　　　B. 美洲　　　　　　C. 亚洲

5. 我国造船企业的资源消耗量明显高于日韩，我国造船企业目前有大部分企业还在_____管理模式下组织生产。

A. 集约型　　　　　　B. 粗放型　　　　　　C. 精益型

6. _____是船舶的基本部分，可分为主船体和上层建筑部分。

A. 船体　　　　　　B. 动力装置　　　　　　C. 舾装设备

7. 船舶产品 70%～80% 的成本，在_____就已经锁定。

A. 报价阶段　　　　　　B. 设计阶段　　　　　　C. 生产阶段

8. 船舶_____的推进装置包括：主机、减速装置、传动轴系以及驱动推进器等。

A. 船体　　　　　　B. 动力装置　　　　　　C. 舾装设备

9. _____包括舱室内装结构、家具和生活设施、涂装和油漆、门窗、梯和栏杆、桅杆、舱口盖等。

A. 船体　　　　　　B. 动力装置　　　　　　C. 舾装设备

10. 造船模式的_____为按功能系统组织生产的造船模式。

A. 第一阶段　　　B. 第二阶段　　　C. 第三阶段　　　D. 第四阶段

11. 造船模式的_____为按区域系统组织生产的造船模式。

A. 第一阶段　　　B. 第二阶段　　　C. 第三阶段　　　D. 第四阶段

12. 造船模式的_____为按区域、阶段类型组织生产的造船模式。

A. 第一阶段　　　B. 第二阶段　　　C. 第三阶段　　　D. 第四阶段

13. 造船模式的_____为按区域、阶段类型一体化组织生产的造船模式，此种模式一直沿用至今，已被国内外造船界公认为当今最先进的造船模式。

　　A.第一阶段　　　　　B.第二阶段　　　　C.第三阶段　　　　　D.第四阶段

14.造船管理的两个一体化是指:壳舾涂一体化、_____一体化。

　　A.设计、生产管理　　B.市场销售　　　　C.生产经营

项目 2　造船设计管理

【项目描述】

船舶设计是整个造船过程的起点,也是现代造船信息系统的源头,要实现现代造船管理,必须要在船舶设计阶段加强初步设计、详细设计和生产设计的整体性,提高船东和协作厂商在船舶设计过程中的参与程度,通过虚拟设计提高船舶设计的可制造性。

本项目介绍了船舶设计的基本原则和提高船舶设计能力的几种主要技术,分析了船舶设计的特点,重点讨论船舶设计的过程,并给出了一些现代造船模式下深化生产设计的方法。

【船舶发展】

党的十八大以来,我国船舶工业持续深化结构调整和转型升级,加快改革和创新发展,建立起集研发、设计、建造、配套、服务为一体的完整产业体系,有力地支撑了国际航运、对外贸易、海洋经济快速发展,成为全球船舶与海洋工程装备制造业的重要主体。

万米载人深潜器、极地破冰科考船、超深水半潜式钻井平台、大型液化天然气(LNG)船、超大型集装箱船等相继建成交付,国产首制大型邮轮工程顺利推进,第二艘大型邮轮开工建造,自主设计建造的主流船舶与海洋工程装备达到世界先进水平。

重点产业集群在国际竞争中崭露头角,初步形成长三角、环渤海、珠三角三大造船基地的空间布局,涌现出一批具有较强国际竞争力的大型企业和专业化配套企业。国际市场份额连续12年居世界第一,造船大国地位进一步稳固,在全球产业链供应链中的地位和影响力持续攀升,产业发展站在了更高的起点上。

下一步,我国船舶工业将认真落实党中央、国务院决策部署,落实船舶行业发展规划,聚焦"十四五"发展目标和重点任务,推动重大工程和重点项目实施,进一步巩固优势,补齐弱项,分类施策,坚持智能绿色和高质量发展方向,突破瓶颈制约,提升企业核心竞争力,加快推动由"造船大国"向"造船强国"迈进的步伐。

任务一　船舶设计过程

【活动一】　知识准备

一、现代船舶设计原则

传统造船模式下设计阶段侧重解决的是"造怎样的船","怎样造船"不在船舶设计阶段解决,而在工厂内部的工艺性设计阶段完成。因此"造怎样的船"与"怎样造船"是会分离的两种不同性质的设计,尽管这两种设计的性质不同,但共同的设计特点是按功能、系统、专业进行,以满足传统造船模式下造船生产组织的基本原则和要求。

与传统造船模式不同,船舶集成制造模式的设计基本原则是在解决"造怎样的船"的同时还解决"怎样造船",把"造怎样的船"与"怎样造船"融为一体,在解决"造怎样的船"的基础上,应用成组技术的制造原理、相似性原理、系统工程思想和统筹优化原理,对"怎样造船"进行合理规划,通过改进设计模式以适应按集成制造模式组织生产的要求。为此船舶设计增加了生产设计,并把它作为船舶设计的重要内容之一,主要针对解决"怎样造船"和"怎样合理组织造船生产"的问题,所以推行生产设计不仅是船舶设计模式的变更,更是体现船舶集成制造模式下设计要求改进的重要标志。

船舶集成制造模式的设计,包括以下原则。

1. 按区域设计的原则

船舶集成制造模式按区域组织生产,要求其设计也必须按区域进行,以便实现设计与生产的对应。

2. 以中间产品为导向的设计原则

船舶集成制造模式强调在设计过程中必须把所设计的船舶产品作为最终产品,按其所划分的各个制造级进行工程分解,以组合成各类零部件、分段、托盘、单元、模块等不同中间产品,连同其所需的全部生产资源,以生产任务包的形式进行设计。

3. 设计、制造、管理、信息一体化的设计原则

船舶集成制造模式强调在设计过程中必须实现设计制造、管理信息的有机结合,而这种结合是用先进的造船工艺技术,通过扩大预舾装,在统筹优化"怎样造船"的前提下,经各部门的相互协商,从工程管理角度提出合理要求,最终以设计的形式把"怎样造船"体现在工作图和管理图表上,作为指导现场施工的依据。

4. 壳舾涂一体化的设计原则

船舶集成制造模式强调在设计过程中必须做好壳舾涂三类作业的有机结合,而这种结合是在一体化建造计划的指导下,通过壳舾涂生产设计之间的协调,以最大限度地满足各作业的均衡、连续的总装造船。

5. 各设计阶段相互结合的设计原则

船舶集成制造强调设计必须事先通过做好工程管理方面的准备,包括技术准备、计划准备和工程控制准备,把事先准备作为开展设计工作的前提,并在设计过程中处理好各设计阶段的相互渗透、相互交叉的密切联系,使设计的事先准备能够与各个设计阶段的相互结合贯穿于船舶设计的全过程。

二、现代船舶设计模式

并行设计、虚拟设计和虚拟船厂是造船行业提高产品设计能力的主要技术。

1. 并行设计

并行设计是并行工程的核心内容之一,船舶的并行设计方法是基于计算机网络来实现的,即各类专家通过计算机网络统一的产品数据模型进行船舶造型、可制造性、经济性、可靠性、可装配性等的分析,不同的意见通过网络反馈,修改数据模型,使异地工作的专家同时在新的模型上继续工作,直至完成所有设计任务。船舶并行设计不仅提高了设计效率、减少设计时间,而且船舶产品生命周期中各种问题也得到了充分考虑,使得船舶设计质量大大提高。对于技术密集型的造船行业实施并行设计,要求先进的造船设备和技术与之相适应,包括管理技术、CAD/CAPP/CAM 一体化、PDM 等。一般来说,实现并行工程的主要步骤如下。

(1)建立船厂局域网和工程数据库,初步实现 CAD、CAPP、CAM 功能。

(2)进行信息集成,推行 PDM 技术、特征建模技术,形成一个 CAD/CAPP/CAM 的集成系统。

(3)在设计、工艺、制造部门建立统一的产品模型,初步实现并行工程,进一步将船厂管理方面的 ERP 与 CAD/CAPP/CAM 系统进行集成,实现全厂范围内的信息集成,全面实现并行工程。

2. 虚拟设计

为了达到并行的目的,在并行工程中必须建立高度集成的主模型,通过它来实现不同部门和不同人员的协同工作,为了达到产品的一次设计成功,减少反复并行工程,人们在许多场景中应用了仿真技术。主模型的建立、局部仿真的应用等都包含在虚拟制造技术中,可以说并行工程的发展为虚拟制造技术的诞生创造了条件。

所谓虚拟制造又称拟实制造,它利用信息技术、仿真技术、计算机技术对现实制造活动中的人、物、信息及制造过程进行全面仿真,以发现制造中可能出现的问题,在产品实际生产之前就采取预防措施,达到产品一次性制造成功,实现降低成本、缩短产品开发周期、增强产品竞争力的目的。虚拟设计是虚拟制造技术在设计方面的具体应用,即在真实产品加工之前,通过实施有效的产品设计方法和手段,建立产品的功能和结构、信息模型,同时对产品的结构、功能和性能进行仿真,实现对设计的指导和对用户需求的预评估。

船舶虚拟设计是虚拟制造技术在船舶集成制造设计环节的应用。船舶制造过程包括两个层次的虚拟过程:一是在设计系统层次上使用户能够参与,达到预先体验产品性能的目的;二是在制造系统层次上实现对生产制造性能进行有效的评价。虚拟设计过程中的信息共享一般通过产品模型数据交换标准(standard for exchange of product model data,STEP)实现,目前在国际标准化组织领导下,各国船级社、CAD 软件商、船舶设计商和船厂进行了相关船舶 STEP 标准的联合开发。

3. 虚拟船厂

船舶集成制造是以提高造船企业内部各部门以及造船企业之间的集成化水平为目标,选择合作者组成虚拟船厂,分工合作,为同一目标共同努力来增强整体竞争能力,对用户需求做出快速反应以满足用户的需要。虚拟船厂建立的关键是虚拟制造技术(即船舶集成制造)是以虚拟制造技术为基础的船舶集成制造,是充分利用各类资源,以最快的速度整合船厂内部的优势和船厂外部不同企业的优势,形成一个单一的经营设计生产实体,该实体就是虚拟船厂。虚拟船厂通过虚拟服务系统和虚拟用户系统建立起集成的信息联络和过程管理,虚拟船厂的信息管理包括电子化的技术数据和产品数据的交流与管理,使得使用者能实时地沟通和分享信息,通过这种联合进行设计工作,可以实现设计能力的空前提高,这种方法将船厂内外连为一体,实现了资源的充分共享和利用。

总之,无论是并行设计和虚拟设计,还是虚拟船厂,其目的都是提高船舶制造企业的产品研发能力,计算机的普及以及数控机床加工中心、工业机器人的应用使现代造船具有很高的自动化水平,但它不是无人工厂。现代造船业要求技术人员懂经营,管理人员懂技术,操作人员一专多能,为此要充分认识到人在现代造船中的核心地位和关键作用,调动各类人员的积极性和创造性,并按船舶集成制造模式,对人才的要求进行多层次、多形式的培训,培养真正的船厂专家作为领导者;培养有综合技能、能独立处理问题、善于与他人协作的人作为管理者;培养跨专业工作的人作为设计者;培养适应复合工种的多面手做工人。造就一支符合船舶集成制造模式要求的员工队伍。

三、现代船舶设计特点

船舶集成制造模式下的设计方法,与现行的 CAD/CAPP/CAM 相结合的图纸设计手段相比,无论是在设计目标和设计工具上,还是在最后的设计结果上都有质的变化,船舶集成制造模式下的船舶设计主要有以下特点。

1. 船舶设计是更加集成的设计过程

船舶集成制造模式要求跨越传统设计方法,解决在设计过程中因为数据难以实时获取所导致的设计过程的离散化,实现船舶设计的整体性和连续性,使得船舶设计更迅速有效。

2. 船舶设计提升设计过程中客户(船东)和分包商的并行参与程度

船舶集成制造模式强调客户和分包商在船舶设计过程中的参与,使得船舶产品的市场要求得到保证,并能有效减少现行设计方法下船东、船厂和分包商对设计目标理解的不一致。

3. 船舶设计是一种建造驱动的设计方法

无论是船舶设计中模型的选取还是在虚拟环境下的沉浸操作,都离不开对建造过程中可能出现的软硬干涉的甄别。因此船舶集成制造模式下,设计数据流是一种依赖于任务的数据。

4. 船舶设计是一种经济的设计方法

传统的设计方法因为建造过程不可控问题,导致在船舶设计初期就决定了整个船舶建造周期内会发生大量的返工、翻修现象,并耗费大量的成本,而船舶集成制造模式下设计方法在建造前就已经对船舶整个建造过程进行了全面的虚拟,提高了建造过程的可控性和有效性。

四、现代船舶设计过程

船舶集成制造的设计过程必须基于集成制造模式的原理,既反映设计的基本特点和基本方式,又包含集成制造的要求。

船舶集成制造模式下的设计过程始于船舶初步设计,对船舶总体功能进行设计,设计生效并签订合同后,分系统按功能/专业进行详细性能设计,以便按区域/阶段/类型完成生产设计。这样的设计过程,是贯彻上述区域设计和以中间产品为导向两项设计基本原则所必需的。

船舶设计过程可划分三个阶段,如图 2-1 所示。

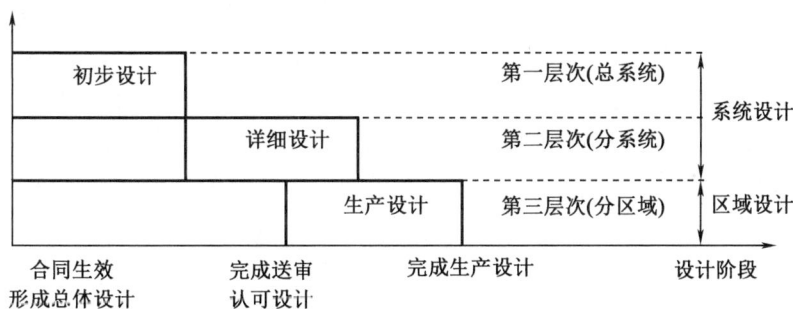

图 2-1　船舶设计阶段划分图

五、初步设计

初步设计是按船东技术任务书要求进行船舶总体方案的设计。设计基本原则按总体—系统—专业设计。设计生效后则作为后续设计阶段的设计依据,这是船舶设计的第一阶段,其包含报价设计、合同设计,因此该阶段也称为合同设计。

初步设计的初期阶段是报价设计,设计人员根据船东的要求,如船型、载重量、航速、续航力、货物种类、起货设备要求等展开设计,确定船的大小、主机功率、货舱容量大小、机舱大小、居住区大小以及总体布置等。如果有相近的船型参考,则变得相对容易些,而且把握性比较大,准确率也比较高,因此搜集现有船型的资料就显得非常重要,不但搜集船厂内部的,还需要搜集外单位的、国外的,通过各种途径去搜集,对于船厂而言船型数据库建设可以大幅减少设计时间,显著提升设计质量。

在报价设计完成并签订经营合同后,根据技术规格书要求进行船舶总体方案设计,设计的基本原则是按总体功能/系统/专业设计,生效后则作为后续设计阶段的设计依据,在

❖ 此阶段产生建造方针、施工要领、总布置图等。

技术规格书是船舶设计中特别重要的一个文件,是船舶建造合同的组成部分,是对将要建造的船舶主貌在文字上的描述,技术规格书的编制相当于在纸面上造一艘船,这一过程部分地决定了船舶的质量和建造成本,因此对技术规格书的编写要重视。技术规格书对建造工艺的描述要符合工厂现有水平,质量标准也要是工厂现行的,噪声、外装、机装、电装等设备的说明都是一般要求,如船东在技术谈判中提出高的要求,则须经船价调整或建造周期的调整才能接受。

厂商表的编制需要注意选择熟悉的厂家,如船东推荐不熟悉的厂商,就要注意是否会影响船价,要积极向国外船东推荐国内优秀厂家,以便提高国产化率和降低船价。

六、详细设计

详细设计是根据合同确认的技术文件及其修改意见,在初步设计的基础上按各个系统/功能/专业对具体技术专业项目进行详细性能设计,以确保满足船舶总体技术性能的要求,这是船舶设计的第二阶段,由于该阶段按验船机构和合同的有关规定,提供图纸和技术文件的送审和认可,为生产技术准备提供所需材料、设备的供货清单,因此该阶段也称为送审设计。上述两个设计阶段均以解决"造怎样的船"为目的,属于系统设计的范畴。

详细设计的依据是造船合同和经审查通过的初步设计技术文件。详细设计的任务是在初步设计的基础上,通过对船、机、电各专业项目的设计、计算和关键图纸的绘制,解决设计中的基本和关键技术问题,最终确定新船全部的技术性能、结构强度、重要材料和设备选型与订货要求,以及各项技术要求和标准。详细设计的基本内容是提供法定检验机构和船级社规定送审的图纸和技术文件、造船合同中规定船东认可的图纸和技术文件,以及船厂订货所需材料、设备清单,同时为生产设计提供必需的图纸、技术文件和数据。

详细设计阶段产生的技术资料,主要包括基本结构图、分段划分图、外板展开图、艏艉货舱区域结构图、系统图、设备布置图,以及相应的设备、材料、采购清单等。

七、生产设计

生产设计是在详细设计的基础上,按区域/阶段/类型进行产品作业任务的分解和组合,结合船厂施工条件规划"怎样造船"的一种设计,这是船舶设计的第三阶段,该阶段提供的工作图和管理图表均作为指导现场施工的依据,生产设计以船舶集成制造模式组织造船生产的原则,解决"怎样造船"为目的的区域设计。

生产设计,顾名思义是为生产而进行的设计,是在详细设计的基础上按区域/阶段/类型,以中间产品为导向进行的面向生产过程的设计,通过该阶段的设计形成面向生产过程的所有技术文件,生产设计阶段产生的面向生产过程的图纸和零件清单,包括钢板下料切割图、部件装配图、分段装配图、舾装件制作图、舾装安装图、托盘表以及系泊试验操作大纲等所有设计资料。

采用中间产品导向型的工程分解方法,将船舶分解为零件、部件、组件、分段等中间产品,再将分解的中间产品按照成组技术相似性原理分类重组,形成生产任务,一项生产任务连同完成该任务的全部生产资源(包括材料、劳动力、设备、费用等)称为任务包。

船舶设计按三阶段划分的方式进行时,各设计阶段既相互独立又互相交叉,其中生产设计大致开始于详细设计的中期。

当生产设计有足够的设计深度,且计算机的应用能在设计、制造、管理形成综合的集成系统时,船舶设计各阶段的划分趋于模糊,详细设计和生产设计可集成为一个设计系统,可把这两个部分设计统称为工厂设计,初步设计则作为合同设计(国外也称为基本设计)。

【活动二】 制定船舶生产设计方案

依据"93 000 t 散货船船体结构生产设计指导书""93 000 t 散货船分段划分图""93 000 t 散货船基本结构图"制订基准段生产设计方案。

93 000 t 散货船船体结构生产设计指导书

一、前言

生产设计是将整个造船生产过程中的各种因素(人力、器材、设备、场地)通过设计的方式预先加以综合协调和优化,从而使所提供的图表和文件能直接指示如何有效地进行造船,以达到提高企业综合生产能力和全面经济效益的目的,所以生产设计过程实际上也是一个模拟科学造船的过程。

设计人员首先对船体结构非常熟悉,并对生产流程、厂里的加工能力、起重能力等有一定的了解,才能更好地进行生产设计。为了使本船生产设计有序进行,进一步减少设计差错率,特制定此指导书,希望能对设计人员提供指导和帮助。

二、船型及船级

本船为单桨远洋航行散货船,满足 B-60 型干舷,载重量约 93 000 t,单壳有艉楼,设有连续上甲板、前倾船首带球鼻艏、方艉、开式艉框、半平衡舵,低速柴油机驱动的固定螺距螺旋桨。全船共有七个货舱、一个机舱及艉尖舱,在双层底中设有管隧。

本船所入船级为中国船级社 CCS,船舶建造和配套设备应满足 CCS 规范的要求。

船型:双层底、单壳、93 000 t 散货船。

总长:约 235 m。

垂线间长:228 m。

型宽:38 m。

型深:20.7 m。

设计吃水:12.5 m。

结构吃水:14.5 m。

载重量:约 93 000 t。

服务航速:14.5 kn。

主机型号:MAN B&W、6S60MC。

数量:一台。

功率:最大持续功率 MCR 12 240 kW,转速 105 r/min;常用持续功率 CSR 10 404 kW,转速 99.5 r/min。

船旗:HongKong(香港)。

建造船厂:××船舶重工有限责任公司。

建造方式:船坞搭载。

三、船体生产设计要点

以船舶设计公司出版的详细设计图纸文件为基础,并严格按照说明书和有关规范、公约执行。生产设计图纸幅面以 A3 为主,绘图比例采用常规的 1:50,放大剖面和节点采用 1:25、1:10 和 1:5。若超出幅面,可按船舶制图标准采用 A2、A1 幅面,封面、标题栏等以本公司提供为准。

1. 基本要求

生产设计应贯穿于船舶设计和生产的全过程,在设计的不同阶段应不同程度地渗入生产设计的内容,并应根据工艺阶段和生产区域、生产活动全过程的需要绘制工作图、管理图表和提供其他信息。生产设计要体现技术准备工作一次完成的原则,以缩短总的生产技术准备周期。

2. 设计手段

设计人员进行生产设计,船体结构主要采用 CADDS5 建模,CAD 辅助出图。所有 CADDS5 及 CAD 图纸必须满足船体室《船体结构出图标准》。

3. 设计依据

(1)规范、规则及公约等

以船舶规格书中规定的规范、公约和有关规定为准则。

(2)基本结构图、详细设计图纸和文件

以船舶设计公司设计经 CCS 认可的图纸为依据,并考虑船东的意见。

四、生产设计基本要领及过程

结构图中表达应力求做到全面、完整、清楚、准确、唯一。同时标注理论线、按施工要领和建造公约进行构件编号,标注焊接、坡口等结构细节,同其他专业协调(管系、电缆、通风、梯子、人孔、设备加强、舾装等)。对于图纸中已知的未定部分或其他假定情况应在图中注明。生产设计工作图数量较多,内容繁杂,而必须又要使工作图从内容、表达方法、图面形式等各方面一致,所以设计人员必须共同遵循以下工作准则。

1. 分段建造方针和施工要领

由造船厂技术部制定的建造方针和施工要领,是总的计划目标、控制程序及原则工艺,工作人员在生产设计过程中必须严格贯彻执行。

2. 分段划分

分段划分是船舶建造方针和施工要领的具体体现。船舶分段根据本船结构特点及造船厂的生产要素配置和施工工艺特点进行划分;有利于提高材料利用率;尽量采用平面胎架,以减少立焊、仰角焊,提高焊接效率,保证焊接质量;是生产设计最基础的需要遵循的工艺。

3. 分段建造胎架

（1）平面胎架，在平行中体，没有线型或是线型较小的分段，有些分段是正造，还有一些分段是侧造和反造，目的是保持基面水平，平面胎架制作简单，而且一般结构与基面保持垂直，利于装配和焊接，所以在做分段时，尽量使用平面胎架。货舱区分段图胎架都为平面胎架，平面胎架注意板厚差，本船平面胎架图用 CAD 出图，目的是直观、易读懂、便于工作人员制作。

另外，零件编码中含有"P"字母的构件均进入平面分段流水线装配焊接。

（2）曲面胎架：艏艉及甲板分段，因线型较大，如果以外板为基面，或是以主甲板为基面（甲板有梁拱），就无法做平面胎架，只能采取曲面胎架，对于线型较大的分段，可以做正斜切胎架和双斜切胎架，注意胎架的最低点和最高点不要相差悬殊，不利于工作人员上下胎架，如果距离过大，就只能采取双斜切胎架，保证工作人员的施工方便。以外板为胎的分段，可用 CADDS5 出胎架图，尽量在重要结构处设有支柱点，如果分段线型不是很大，尽量采取单斜切胎架，保持肋骨与胎架垂直。

由于造船生产线船体装焊工场配备了活络胎架，相应胎架图要满足活络胎架的使用要求。

4. 号件、切割方法及范围

全船共有 150 个分段，分为货舱底段、货舱舷侧分段、甲板嵌补段、机舱分段、艉部分段、艏部分段、艏楼甲板分段、艉楼甲板分段、上建分段等。总的原则：所有板材构件均为数切件，型材根据型材数控切割机的使用将逐渐由手号改为数切。

5. 全船外板、内底板、平台板和各层甲板板缝位置

全船外板、内底板、平台板和各层甲板板缝由专人统一划分，生产设计人员把板缝加在结构图里，如发现板缝与结构或者与开孔有冲突应该立即与主管人员联系，修改板缝，板缝为了美观全船统一，生产设计人员不可以随意修改板缝，如需修改必须与主管人员联系。

板缝符号说明如图 2-2 所示。

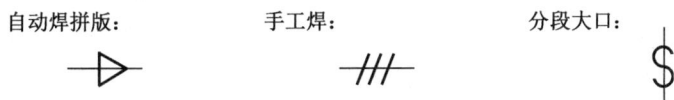

图 2-2　板缝符号说明

6. 零件编码

参见货舱区典型编码原则和分段零件编码示例。

7. 全船结构理论线位置

全船结构理论线是全面反映全船主要构件的结构理论线，生产设计过程中要严格遵照执行。对于理论线图中未反映的结构理论线，可以参照理论线图的绘制原则，同有关分段设计人员协商处理，对于非主要又与其他构件没有连续性的构件反坡方向，可以自己定，但是必须满足节点要求，而且保证全船这类构件反坡方向统一。

8. 对全船焊接方法和焊接形式的规定

拼板采用埋弧自动焊,当 $t \leqslant 14$ mm 时,焊接节点符号为 AI-1;当 $t \geqslant 14$ mm 时,焊接节点符号为 AX-1。对于各种位置对接接头的焊接,例如甲板、底板、壁板和型材的对接,合拢口位置,采用药芯 CO_2 气体保护焊,也就是常说的陶瓷衬垫焊,单面焊接双面成形;当 $t \leqslant 30$ mm 时,焊接节点符号为 FV-1。具体焊接节点参见《焊接接头节点详图》。同时注意,当产生板厚差 $t_1 - t_2 \geqslant 4$ mm 时,必须开过渡层,开过渡层的长度为 $L = 4(t_1 - t_2)$。开坡口是根据建造方式和装配顺序方法确定的,船坡口形式是:开在结构面的坡口为内坡,开在非结构面的坡口为外坡,同时,仅在构件两面均有结构的情况下采用正坡反坡的坡口形式,请生产设计人员注意。

9. 节点规定

工作图中所有的标准节点全船使用统一编号,不可以自己随意编号。生产设计人员需要的节点可以从节点图册中选取,如果节点图册中没有,可以找主管人员商量新加节点。

10. 对图纸幅面、图形比例的规定

满足船体室《船体钢结构生产设计出图标准》。

11. 对图面布置及图形表达方法的规定

满足船体室《船体钢结构生产设计出图标准》。

12. 质量重心计算

按要求给出分段质量重心,供制定吊装工艺使用。

13. 设计自查

工作图完成后,根据自查表逐项自查。自查表融汇了多年来各种船型各个环节的设计要点及易出问题,是设计质量的重要保证手段,一定要认真仔细,逐项检查落实。在自查过程中,如发现自查表中没有涉及的新项目、新问题,应做好记录,以备以后充实自查表项目和内容。自查结束后,签署并交项目主管校对。根据设计所和船体室的规定,任何超过一项不符合自查表的图纸将退回工作人员重新设计、检查。

14. 设计要点

(1)流水孔和透气孔要避开肋位,以防和结构冲突,并按规范要求,远离肘板(扶强材)趾端 200 mm(净距离),同时流水孔的数量、位置及总截面面积要考虑压/排载速度。流水孔和透气孔的形式要遵循规范要求,高强度钢一般采用椭圆气孔形式。(含分段接口过垫孔)普钢一般采取腰圆气孔形式。

(2)分段合拢口处构件大于 1 000 mm 时,可在分段口处断开。此类情况设计人员应与相邻分段设计人员沟通,以免出现丢件、少件情况。

(3)型材逆直线:艏艉线型较大的纵骨肋骨,在做逆直线时注意型材的间距应为 200~300 mm,这样可使骨材冷弯时较光顺。

(4)在做外板加工的活络样板数据时,因活络样板模板间距为 250 mm,所以活络样板数据所给的间距值也应该是 250 mm。

(5)关于焊接的标注要严格按照焊接规格表执行,对于焊接规格表中没有做出详细规定的重要结构的焊接以及各结构端部焊接按照规范规定执行。

（6）本船货舱区结构形式比较单一。特别是在平行中体范围内，一定要注意普遍性的、千篇一律的结构所蕴藏的极大危险：一个尺寸错误，一个表达不清，一个考虑不周，一个细节失察，都有可能导致几个、几十个，甚至几百个结构的废返，造成重大损失。

（7）舱口角隅范围内不允许开孔。

（8）甲板边板同舷顶列板的焊接，在货舱范围内为开坡口焊透，焊接详图见典型横剖面图。甲板边板开孔要求开孔边缘距外板不小于开孔直径。

（9）主机座结构焊接严格按照退审的焊接规格表及主机座节点详图进行设计。对于含糊不清的地方要做出详细节点并送审。主机座下不允许开孔。

（10）机舱双层底、艏艉尖舱、锚链舱周围、货舱双层底靠近舷侧部分等容易形成狭小空间，一般很难有足够的空间进行装配、焊接、涂装等施工，设计时考虑好结构形式、装配顺序及焊接方法，以利施工。设计时可以考虑通过改变结构形式等方式尽量避免出现狭小空间。对于无法避免，同时根本无法施工的狭小空间，应考虑封死或其他有效措施。但此种修改必须取得船东及船检方的认可。

（11）对于水密、油密舱室，设计时要注意各舱室间贯穿/连续构件需要开截漏孔或采用截漏焊段，防止串舱。

（12）驾驶室窗应为一水平线。设计时，同内装室协调好参考基点，同时注意同内装室确认驾驶室侧壁及后壁窗开口同驾驶室前壁窗应为同一水平线，并特别注意由于梁拱而引起的侧壁及后壁窗中心高度的变化。

（13）舱口围板规格多，厚度差大，设计时要注意详细给出各不同板厚对接详细节点，特别是三种及以上厚度板互相对接时一定要考虑周全，不能简单以某列板为基准，而应分段分别过渡，并将各节点剖视位置准确表示在工作图上，以防引起混乱。

（14）同外舾装专业核对梯道布置。核对甲板开口位置、大小，顶墩隔板开孔位置、大小，顶墩隔板人孔盖安装方向（隔板扶强材应设在人孔盖安装面的背面），通道净空间（SOLAS及澳大利亚码头工人协会等有具体规定。个别无法满足要求的扶强材等结构须加保护），直梯及斜梯休息平台的位置及与结构的连接，斜梯穿过结构的结构开口的位置、大小及形式等。

（15）同内装通风专业设计人员核对通风位置。核对开口位置、大小等。任何需要设置在风道内的扶强材等结构都需同通风专业设计人员协商，以确保通风量。

（16）同机装室核对设备加强，确保结构对正安装，且加强形式要方便施工和涂装。

（17）锚机及系泊绞车加强注意同退审的锚机座子和系泊绞车座子图核对。要求加强结构同锚机及系泊绞车座子对正安装，同时锚机座子及系泊绞车座子范围内甲板要求加厚。因锚机及系泊绞车加强结构一般较密集，设计时注意避免形成无法施工或很难施工的狭小空间，尤其是在锚链舱周围。

（18）间断焊接形式要节点清楚，其中注意下列部位不能采用间断焊接：外围壁、门窗边的扶强材、潮湿空间、露天结构。

（19）所有经过拼板的各平面结构的板口线，须与放样资料对照后反映到工作图中。对于放样不出拼板图的结构(如上建围壁等),应与具体放样工作人员协调板缝位置并在工作图中标示清楚(与放样拼板图一致);对于板厚过渡区域应严格与退审图一致,并标注清晰。

(20)设计人员之间要增加相互沟通,要确保分段与分段合拢口处的坡口、通焊孔的一致性。

15. 各专业协调

(1)生产设计过程中,所需船体在结构上做出的结构加强、开孔、风道等,均应以各专业室提供的工作联系单或图纸为依据。任何口头通知或以协作厂家的产品样本代替图纸的情况均不予接受。

(2)每人在按照其他各专业提供的联系单或图纸做完相应的工作后,在工作联系单或图纸上应做出标记(工作人签字、日期)。

16. 计划进度

生产设计的计划进度按设计所或船体室的总计划要求考核。

17. 全船检验线及对合线

本船设有三条对合线,分为是 4 m 水线、12 m 水线、18 m 水线,相关水线处所有结构必须有此对合线的划线,方便检验和合拢。

18. 焊接收缩量

货舱区所有纵桁和 T 型梁艏艉各加 5 mm 焊接收缩量。其他构件不考虑焊接收缩量。

五、套料

1. 本船构件数切套料由 CADDS5 的套料软件编数切指令,按分区表来分批出套料数切指令。

2. 每区的外板单独套料,出外板加工数据。如果此区有一部分外板需要数切,有一部分需要手号,出三份图纸,一份外板数切小样,一份外板手号套料图,一份此区所有外板的套料图。

3. 要尽量提高板材的利用率,减少切割变形,现在主要采用等离子切割机,变形相对小一些,但是对于一些特殊构件要注意切割顺序,特别是本船全船扁铁数切,切割的时候要考虑切割顺序,扁铁条的变形最大,所以要注意先切板边处最长的扁铁条、孔内构件及小构件,套料人员要本着这几项原则编数切指令。

4. 余料的管理:对于大于 800 mm 的余料,要标余料号 YL-A,小于 800 mm 的余料可不标余料号,或是标 YL-B。标 YL-A 的余料,由设计所支配使用,标 YL-B 或是没有标余料号的余料可由车间自行支配使用。每批次余料由专人统计,登记在余料统计表中,下一批次套料要优先使用余料,在材质板厚相同的情况下,必须先把余料消耗掉,再用整板,尽量减少余料剩余。

5. 关于增加过桥:对于小于 300 mm 的构件要增加过桥,以防止构件掉进数切胎架里或是零件翘起,刮坏割嘴。对于整张板全是小件的情况,尽量多增加过桥,减少数切预穿孔,这样可以减少切割机的损耗,大大提高数切效率。过桥不宜过大,宽度为 5 mm。

93 000 t 散货船分段划分图和基本结构图见文后插页。

任务二　深化生产设计的方法

【活动一】　知识准备

深化生产设计是建立船舶集成制造模式的基础,通过生产设计将船舶按区域/阶段/类型分解成中间产品,建立集配中心,实行托盘管理,提高单元组装、分段预舾装水平。生产设计做得越详细,分段、船台的预舾装率越高,对缩短码头周期、下水后工作就越有促进,对船舶建造质量和安全也就越有保证,也就越能缩短造船周期。

生产设计通过舾装综合布置图,按已划分好的区域,把该区域内的舾装设备,利用三维软件在计算机上进行模拟,使该区域内各专业、各设备之间的矛盾得到合理解决。生产设计通过托盘管理表来组织生产,每个托盘均在同一安装区域、同一安装阶段安排计划,进行物资配套,方便工人施工,也便于管理人员的落实调整,同时通过托盘按区域、按阶段将高空立体作业化为平台平面作业,将密闭舱室作业化为开敞作业,将码头船台作业尽可能前移至分段作业、平台车间作业,从而提高工作效率,降低劳动强度。

一、建立生产设计编码系统

生产设计编码是发展生产设计技术,加快生产设计信息传递速度、推行生产设计信息处理数字化的一项重要变革,生产设计编码包含了区域、阶段、类型、系统、中间产品、零件、舾装件、托盘、物料,以及部门、场地、设备、工位等信息。

船厂的各工段、设备和工位对于船体和舾装的大流水线来说在流程上都应是正确的、完整的。将船厂划分成若干个加工小区域,配合各工位,将小区域进行编码,以利于标明舾装件放置地点。

二、中间产品导向型设计出图

中间产品导向型设计,即按中间产品组织出图。具体地说,船体以分段为中间产品,舾装以托盘、模块、单元等为中间产品,这些中间产品的工艺路线、工艺方法在生产设计过程中用生产设计编码明确表示,融合在生产设计图纸里,由生产部门的相关人员进行组织和管理,管理人员可以按制作指令,根据工作量的大小进行调度管理,可以把注意力集中在按成组技术和生产设计组织的作业流程上。

三、强化托盘设计

在各专业中,按"不跨作业阶段、不跨作业区域和不跨专业部门"的原则深化托盘设计。首先按区域进行布置,经过与船体等专业的统筹协调,确定所有舾装的合理位置,达到既符合技术要求又方便施工的目的,然后划分舾装托盘,即根据船体分段的划分,按照不同工艺阶段的要求和工位的要求,进行舾装作业的托盘设计,提供工作图及其相应的托盘集配表。

舾装托盘的设计、集配及其施工管理,船体零件切割、加工和装配的生产管理一样,也需要借助托盘代码来进行舾装,托盘代码描述了舾装作业的时间、地点、作业的方式和工种,以及作业工位及工艺顺序。通过深化舾装托盘化管理,可以提高全船预舾装的完整性。

四、统一设计标准,贯彻标准化方针

在深化生产设计中,为统一设计标准、减少设计工作量必须始终贯彻标准化方针,标准化的内容主要包括:产品结构标准化、制造工艺标准化、设计过程标准化、生产过程及质量标准化、造船合同技术谈判标准化、物料供配标准化等。

型船在生产设计初期,即着手基础性标准的制定、收集、宣传和贯彻工作。对已经标准化、固化的技术工艺图形,要把它作为设计标准强制执行,以充分利用这些成果。按船舶建造合同收集、消化、吸收国内外规范、公约、政府法规及标准,在设计过程中严格执行。首先制定本型船的"标准化设计要求",在要求中提出应遵循的设计、建造检验标准及标准化率指标,该文件作为指导全船标准化工作的纲领性文件。在船体结构的生产设计中采用成组技术进行零件成组,绘制标准及通用图册,使构件的标准化和通用化程度大幅提高。

五、应用设计管理信息系统,实施信息化管理

充分利用设计管理信息系统,实现设计全过程的管理和生产管理的集成。设计管理信息系统并不是对原来的设计体系进行根本性的变革,它是实现设计过程标准化、流程化的工具,是沟通设计与生产管理之间的桥梁,通过统一的标准和编码,将船舶产品以数据的方式进行统筹管理,实现数字化造船的功能,所以从某种意义上来说,设计管理信息系统实现得更多的是一种船舶设计数据的组织与管理模式。

【活动二】 制定散货船深化设计方案

以93 000 t散货船基准段设计方案为例,制定深化设计方案。参考图纸参见文后插页。

【课后习题】

一、判断题

1. 传统造船模式下设计阶段侧重解决的是"造怎样的船"。 （ ）

2. 传统造船模式下"怎样造船"不在船舶设计阶段解决,是在工厂内部的工艺性设计阶段完成。 （ ）

3. 船舶集成制造模式是按区域组织生产,要求设计也必须按区域进行,以便实现设计与生产的一一对应。 （ ）

4. 船舶集成制造模式强调在设计过程中必须做好壳舾涂三类作业的有机结合,以最大限度地满足各作业均衡、连续的总装造船。 （ ）

5. 现在船舶设计是在虚拟环境下的沉浸操作,可以离开对建造过程的指导。   (   )

6. 船舶集成制造模式下设计方法在建造前就已经对船舶整个建造过程进行了全面的虚拟,提高了建造过程的可控性和有效性,进而节约建造成本。   (   )

二、单选题

1. _____是指各类专家通过计算机网络统一的产品数据模型进行船舶造型、可制造性、经济性、可靠性、可装配性等的分析。

A. 并行设计　　　　B. 虚拟设计　　　　C. 虚拟船厂

2. _____是虚拟制造技术在船舶集成制造设计环节的应用。

A. 并行设计　　　　B. 虚拟设计　　　　C. 虚拟船厂

3. 船舶集成制造是以提高造船企业内部各部门以及造船企业之间的集成化水平为目标,选择合作者组成_____,分工合作,为同一目标共同努力来增强整体竞争能力,对用户需求做出快速反应以满足用户的需要。

A. 并行设计　　　　B. 虚拟设计　　　　C. 虚拟船厂

4. _____是按船东技术任务书要求进行船舶总体方案的设计。

A. 初步设计　　　　B. 详细设计　　　　C. 生产设计

5. _____是根据合同确认的技术文件及其修改意见,在初步设计的基础上按各个系统/功能/专业对具体技术专业项目进行详细性能设计。

A. 初步设计　　　　B. 详细设计　　　　C. 生产设计

6. _____是按区域/阶段/类型进行产品作业任务的分解和组合,结合船厂施工条件规划"怎样造船"的一种设计。

A. 初步设计　　　　B. 详细设计　　　　C. 生产设计

项目 3　造船计划管理

【项目描述】

造船计划管理是涉及造船全部生产要素的统筹协调和计划控制;要求在一定的设施、设备配置条件下实现人力最佳安排,作业程序最佳组合,从而取得最好的生产效益。造船计划管理要具有预见性、针对性、可控性、考核性和严肃性。基础标准、管理标准、计划标准、计划控制标准组成了造船计划管理标准结构体系。编制造船计划要以建造方针为依据,把设计工作计划、品材订货计划、船体制造计划、舾装计划、涂装计划等合理组合,明确其相互依赖关系、先后程序及相互协调关系。造船计划制订后必须遵守相应的体系文件、按照事先制定好的工艺流程路线运作,要对每一个阶段、每一个环节的计划进行跟踪,计划的管理在于严肃性,要采取预防在先的原则。

【船舶故事】

1988 年,马瑞云从大连理工大学船舶工程系毕业,进入大连船舶重工集团有限公司(大船集团)后一直在生产一线工作,从一名施工员开始,到监造师、监造科长、生产副处长、车间主任、总装部部长,先后参与了散装货船、集装箱船、油船、海洋工程船等各种类型船舶的建造,积累了丰富的船舶与海洋工程生产建造经验,是名副其实的民船建造专家。

2013 年初,马瑞云被集团正式任命为集团整合后的民品三部、军品总装二部部长,开始了全面指挥建造首艘国产航母的工作,不久后,又受命担任航母专项工程总建造师。

航母是一个国家国防实力的象征,是维护国家安全、人民幸福生活的保障。接受这样的任务,马瑞云既兴奋又惶恐,"兴奋的是能够参与这项国家工程,我感到非常荣耀;惶恐的是责任异常重大,怕干不好有辱使命。"马瑞云说。

从此,首艘国产航母总建造师的工作,伴随着他的身心,融入了他的血液,植入了他的梦境;

从此,每天太阳还没有出来,他就早已走在工区的场地上;

从此,夜里繁星满天时,他还未回到家里。

首艘国产航母是一个巨系工程,建造总量超过 20 艘海上超大型油轮的工程量总和。全船舱室 3 000 多个,一个一个延伸排开,达到 3 万多米;管系长度几十万米,电缆几百万米,上万台设备遍布全船。最紧张忙碌的时候,全船上下有 5 000 多人在各个岗位同时工作。

航母建造,与民品有着天壤之别,它关乎一线军人的生死、战争时的胜败,容不得半点儿马虎。马瑞云首先学习军工生产技术、管理方法。"军工战线上的每一名师傅,每一名技术员都是我的师傅,我要向他们学习。"他白天在生产一线虚心向老师傅请教,一起讨论图纸,研究工艺;下班后在办公室查阅资料,学习军用特殊装备的性能、参数。马瑞云还十分注重借鉴辽宁舰的建造经验,他采用现代化的项目管理生产组织模式,组建了专项工程项目组,有效解决了系统复杂、工程量巨大、立体交叉作业带来的一系列难题。

国产航母的船体建造,在国内还是一项空白,无论是精度控制,还是特种钢板的焊接技术等,每一个细节都是难题,都需要攻坚克难。

马瑞云面对各种难题,迎难而上。8 年以来,马瑞云坚守一线,率领他的团队用超乎寻常的智慧和毅力,成功突破了船体结构、动力核心设备这两项制约我国航母事业发展的重大技术瓶颈。通过模拟分段建造工艺攻关,形成了船体材料冷热加工和焊接工艺,全面应用气体保护焊和埋弧自动焊等先进焊接技术,高质高效完成船体建造,焊接质量和建造精度全面超过辽宁舰。解决了高强度钢板焊接、大型铸件安装、动力系统长轴安装和阻拦机安装等一系列重大技术和施工难题,使国产航母建造进度始终走在计划前面,工程质量也超标准达标。

首艘国产航母,填补了一项项空白,创造了无数个第一!

任务一　工程计划编制

【活动一】　知识准备

一、造船计划管理的定义、特点及要求

1. 造船计划管理的定义

造船计划管理从广义的范畴解释就是造船工程管理,涉及造船全部生产要素的统筹协调和计划控制。

造船计划管理从狭义的范畴解释就是造船工程管理中的工程进度管理,其要求在一定的设施、设备配置条件下实现人力最佳安排,作业程序最佳组合,从而取得最好的生产效益。

2. 造船计划管理的特点

(1)预见性:这是计划最明显的特点之一。计划是在行动之前对行动的任务、目标、方法、措施所做出的预见性确认;是以上级部门的规定和指示为指导,以本船厂的实际条件为基础,以过去的问题和成果为依据,对今后的发展趋势进行科学预测之后做出的。

(2)针对性:一是根据集团公司的统一规划、上级领导的工作安排和指示精神而定;二是针对本船厂本部门的工作任务、主客观条件和相应的产量来定。

(3)可控性:计划目标必须真实可控,若目标过高、措施无力实施,这个计划就是空中楼阁;目标过低,实现虽然很容易,并不能因此取得有价值的成果。

(4)严肃性:计划一经通过、批准或认定,在其所指向的范围内就具有了约束作用,在这一范围内无论是集体还是个人都必须按计划的内容开展工作和活动,不得违背和拖延。

3. 造船计划管理的要求

根据现代造船模式的管理要求,建立健全造船计划管理组织与流程;根据作业类型的不同制定相应的计划模型;根据区域管理的不同要素制定相应的管理方式;根据各阶段管理的不同特点制定相应的管理要领。

二、造船计划编制要领

(1)造船计划的编制应该像产品设计一样有依据、有标准、有尺寸。

(2)造船计划应以"日"为单位,设定计划进度,以确定其严肃的地位。

(3)造船计划指标是根据区域作业对象而设定。工时、个数、长度、质量、平方米数、对应配套数等,按不同的要求组合成指标统计体系。

(4)造船计划应既严密又留有裕度。

(5)造船计划应充分体现现代造船模式的思想,并在具体的计划表中完整反映。

(6)造船计划应以船台建造时间为准向前展开各阶段的建造计划;以合同交船时间为准向前展开码头舾装和试验计划;以满足合同交船期为准倒排计划。

(7)造船计划应实行标准化管理。如建立母型船参考标准、负荷计划标准、S曲线标准、内场切割计划标准、分段制造计划标准、托盘制作计划标准等,使计划更科学合理。

三、造船计划的编制

1. 造船计划的编制程序

图 3-1 是壳舾涂一体化计划工作程序,其以建造方针为依据,把设计工作计划、资材订货计划、船体制造计划、舾装计划、涂装计划等合理组合,明确了相互依赖关系、先后程序及相互协调关系。

2. 工厂生产负荷计划

工厂生产负荷计划是在订货计划阶段编制的负荷计划,是在生产技术准备中确定建造法时进行编制的。在签订合同前,应该根据船东对该船的交货期日程,以及主要节点周期和工厂同期建造的船舶工程量进行核算,确认其是否在可承受的范围之内。核算的项目有船体、舾装和涂装。负荷计划的内容有工时负荷和物量负荷。工时负荷以工时为单位核算1年或2年中工厂主要车间和工种的负荷额度。它是依据工厂以往建造过的典型船种和船型的实际工时统计出的工程管理标准S曲线(图 3-2)来进行计算的。

将1年或2年的每个月的各种船舶S曲线的负荷值叠加,就可以得出1年内或2年内各月工厂主要车间的负荷分布累计图(图 3-3)。若超过工厂8小时能力线以及加班2小时超负荷线时,则必须和船东谈调整日程和计划,再签订合同;或者将负荷向其他企业转移,或做出相应的决策,并且提出新的均衡的建造方法。

物量负荷是以加工量、分段和船台安装量及涂装面积作为工厂核定负荷能力的计算单位。其形式也是根据以往船型和船种实际统计数据绘出物量标准S曲线后,再将同期内的各种船舶的钢材量加以累计,就得出类似于工时负荷累计曲线图。衡定工厂的承载能力,在现代工程计划的编制准备工作中,物量是主要的项目。因为物量计算的精确性比工时量的核算精度高。经过工时和物量计划核算后,才能最终签订合同和确定合理的建造方法。

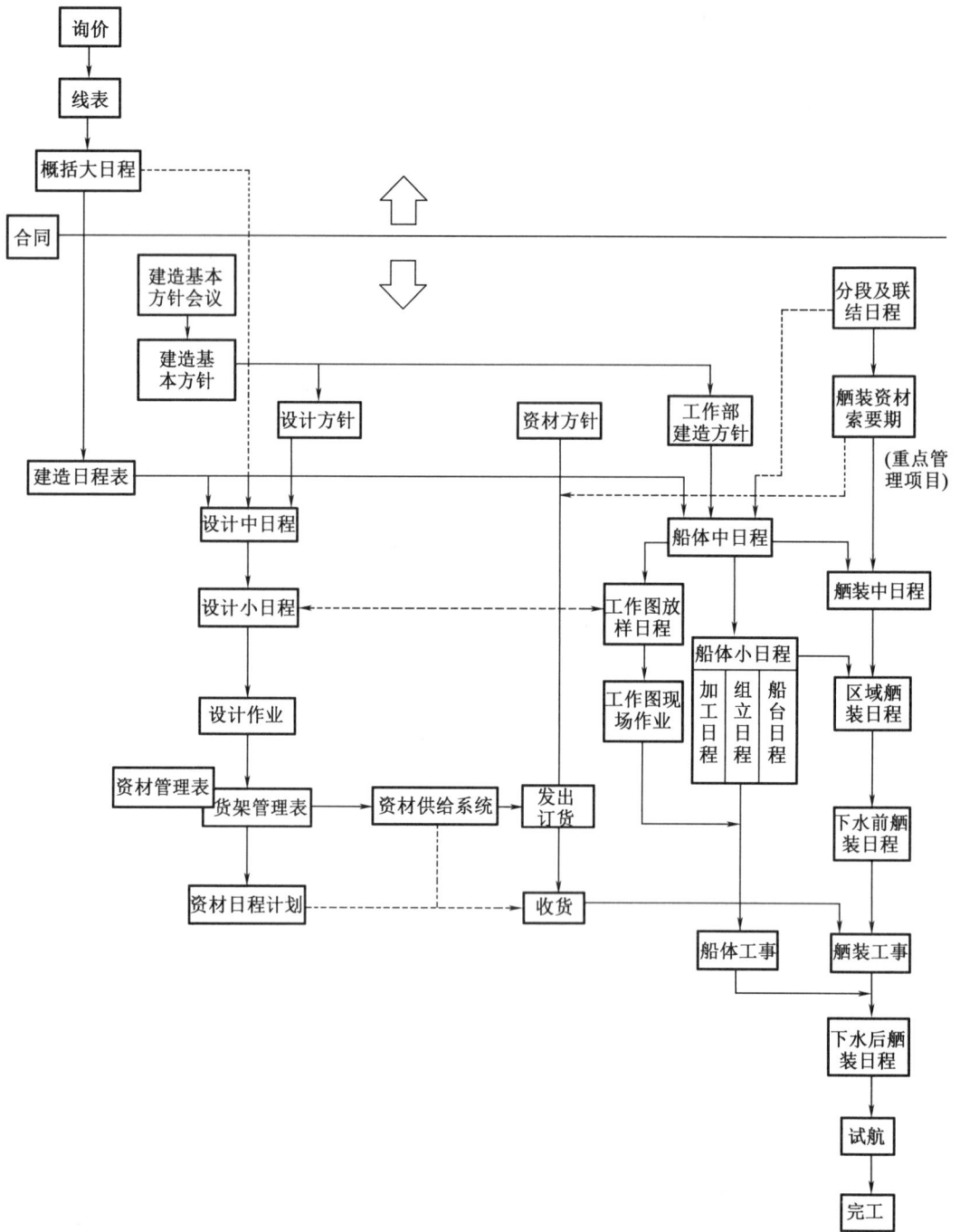

图 3-1　壳舾涂一体化计划工作程序

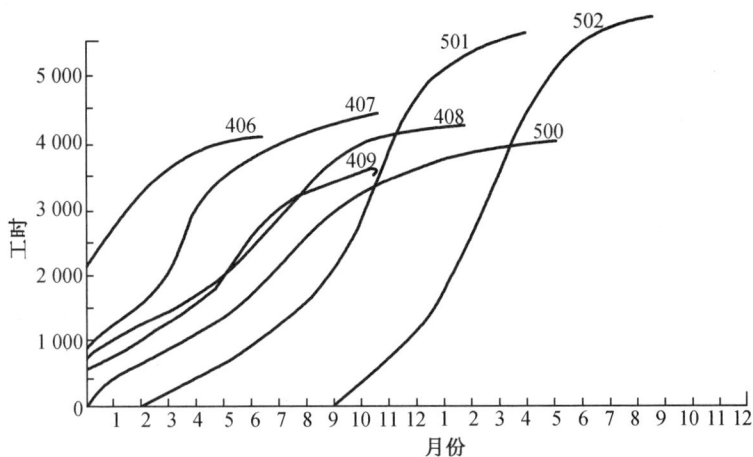

图 3-2 工程管理标准 S 曲线

注:图中 406~408、500~502 为工程编号。

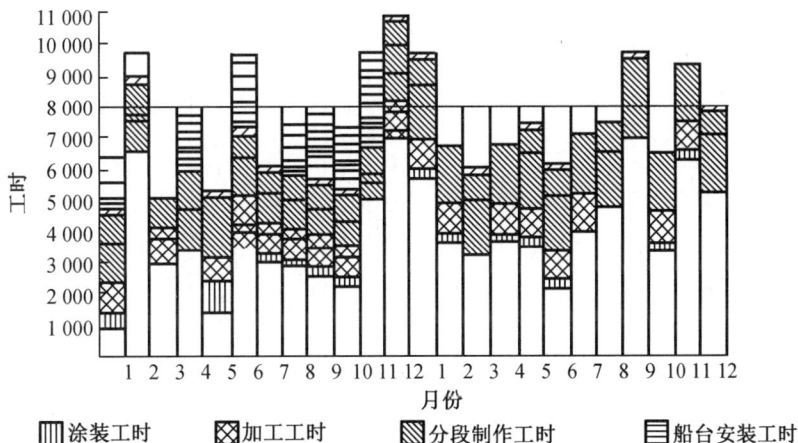

涂装工时 ⊠ 加工工时 分段制作工时 船台安装工时

图 3-3 主要车间的负荷分布累计图

3. 工厂建造计划线表

工厂建造计划线表是在订货阶段,经过建造法验证工厂负荷后,所确定的日程总计划表。这种线表仅反映加工开始、分段制造、上船台、下水和交船等主要节点日期,它是工厂的年度计划,见表 3-1。

4. 综合日程表

综合日程表是一种工程管理大日程计划阶段的日程计划表。在船舶建造方针确定后,经过各建造工艺阶段的负荷测算,即可着手编制综合日程表。它是在工厂建造计划线表的基础上,按建造方针所确定的建造原则所编制的产品建造总计划表。

在船台吊装日程确定后,对船体、船装、机装和电装各专业工种和各施工工艺阶段的日程与周期进行有机地安排和合理地衔接,如将分段制造和船台吊装日程简化成若干个小阶段,然后画出线条图,按此定出日程。如钢材、主要设备和大型铸钢件等外购件交货期的节点,就成为设计部门和供应部门的工作总计划表,也是对各种设备的到厂交货期提出依据。同时要列入各阶段的开始时间和工作周期,以及船舶下水后到交船的各阶段日程,作为施工部门进行控制的依据,见表3-2。

表 3-1　工厂建造计划线表

2000年												2001年											
1	2	3	4	5	6	7	8	9	10	11	12	1	2	3	4	5	6	7	8	9	10	11	12
	交船	406	交船																				
	下水		下水	407																			
		上船台				交船	408																
分段制造			上船台			下水			交船	409													
		开工			分段制造	上船台			下水		交船	500											
			上船台		开工		分段制造			下水		交船											
										上船台				501	下水		交船						
									开工					分段制造				502	上船台				
				503		开工																下水	

　　综合日程表在纵向栏目的最上项是主要工程,将在建造期总月数的日程表上画出从初步设计、详细设计、生产设计、开工、上船台到交船的主要节点线。在建造纵向栏目上按区域分项,船体部分有船首区、货舱区、机舱区、船尾区等;船体舾装部分有甲板区和居住区;机舱舾装部分有主机系统、辅机系统、烟囱、箱柜、管系和电装系统。

　　在横向栏目上是按日期和月份,以上船台起点日程为中心,用线条和各种阶段符号画出初步设计、详细设计、生产设计工作图和管理图表的出图日程;船体分段分组的加工、制造、预舾装、涂装、总段舾装和上船台的日程。舾装有管子和附件的加工制造、单元制造、设备调试等日程周期。

　　综合日程表是新建造船舶设计、设备材料供应和其他生产技术及准备工作体系的总计划表,又是建造方针在计划日程上的再体现,因此必须由厂长签署后才能执行。

表 3-2　综合日程表

完工前月数	15	14	13	12	11	10	9	8	7	6	5	4	3	2	1

主要工程：初步设计　设计方案　详细设计　生产设计　加工　钢材预估　钢材　上船台　装主机　轴系拉线　下水　发电机试验　系泊试验　试航　完工　交船

前货舱及船首区：
- 船体：双底层，上甲板，舷侧　内部加工　船尾　艉楼　分段装配
- 压载舱货舱：管系　金属管　船台舾装　分段上船台　舱柜　舱盖
- 露天部分：起重设备　舱内起重设备　舱盖调整　起重设备　吊杆

后货舱及船尾区：
- 船体：双底层，上甲板，舷侧　船尾构件
- 货舱内：船尾　管系涂装　管系　舱柜　管系装防热

轴系：辅机　舵　组装　镗孔　舵　推进器

机舱区：
- 船体／辅机台主辅机等：双底层，上甲板，舷侧　辅机座　辅机座　管系
- 机舱舾装：全部配置　电路　各种配置　电路　主机　开放检查

甲板室及其他：
- 船体：上部结构
- 居住区舾装：舱室配置　各舱室配置　上部结构层状舾装　内衬板防热铺地板
- 其他：烟囱　舵机　家具等

注：○到期；△出图；⊙上船台；——内部加工；…分段装配；～～分段上船台；< ~ >安装舾装；↤试验、调整。

5. 主日程表

在进入中日程计划阶段，编制施工要领时，施工程序和作业方法都已详细确定。因此在各个分阶段工时和物量负荷已经平衡的情况下，应编制全船的详细日程计划表，即主日程表，作为各车间进行生产活动的直接依据。主日程表主要有船台吊装主日程表、船体舾装主日程表和平台周期表三种。

（1）船台吊装主日程表

船台吊装主日程表将船体所有分段按照建造方针所确定的吊装方法、船台吊车设备的

负荷能力定出所有分段的吊装次序、日程和周期,然后依次得出船台吊装负荷量,并加以平衡和调整。其中包括吊装网络图中关键路线的优化,以及每月吊装物量的平衡,作为其他主日程表的依据。

(2)船体舾装主日程表

船体舾装主日程表是按照每个分段上船台吊装的日期为基础向前推移,用线条图绘出船体各个区域的各个分段的加工、部件组装、分段组装、分段预舾装、分段涂装、总段组装、总段预舾装和总段涂装的具体日程线表。由此可以计算出每月船体分段和舾装工程的负荷量是否均匀。

(3)平台周期表

整个船舶建造工程管理中,分段制造是关键的工程,该工艺阶段占总工时的40%左右。4万吨级船舶的分段量为200个左右,因此在现代化的造船企业中,必须将每船所编制的船体和舾装主日程表,通过平台周期表的综合平衡,在协调好半年之内所有分段的日程计划和场地位置后,用详细的线表表达清楚,以此来修正各产品的主日程表。同样也可以按主日程表修正平台计划,经几次反复以后,才能完成中日程计划表。故平台计划是日程计划的关键,也是工作量最大的计划编制工作,是现代化造船管理技术的重要环节,见表3-3。

表3-3　平台周期表

船号	分段号	质量/t	平台区	2001年7月			2001年8月			2001年9月			2001年10月		
				上旬	中旬	下旬	上旬	中旬	下旬	上旬	中旬	下旬	上旬	中旬	下旬
507	205P	90	A1												
	206P	110	A2												
	207P	150	A3												
	208P	80	A4							后续船计划区					
	208S	80	A5												
	209P	110	A6												
	209S	110	A7												
	210P	50	A8												
	211P	80	A9												
	211S	80	A10												
507	406P	160	B1												
	406S	160	B2												
	407P	120	B3												
	407S	120	B4												
	408P	50	B5							后续船计划区					
	408S	50	B6												
	409P	90	B7												
	409S	90	B8												
	410P	100	B9												
	410S	100	B10												

表 3-3(续)

船号	分段号	质量/t	平台区	2001 年 7 月			2001 年 8 月			2001 年 9 月			2001 年 10 月		
				上旬	中旬	下旬	上旬	中旬	下旬	上旬	中旬	下旬	上旬	中旬	下旬
507	105P	80	C1												
	105S	80	C2												
	106P	75	C3												
	106S	75	C4												
	107P	75	C5												
	107S	75	C6												
	108P	85	C7							后续船计划区					
	109P	130	C8												
	110P	120	C9												
	111S	90	C10												

注:~~~~~~~~~表示 3#船;————表示 4#船。

主日程表一般是以一艘船舶为单位而编制的。因为分段和预舾装的日程还要受到工厂分段制造场地、胎架、平台面积和工位的制约,所以不可能一次完成,必须经过日程计划的综合平衡修正,才能成为一艘船舶建造的主日程表。

6. 月度计划表

月度计划表是小日程表,它是以主日程表为依据,编制具体作业项目的完工日程。月度计划表是各工作部门生产的依据。它是某个车间、某个班组、某个场地一个月内所要做的具体工作的开工日期及完工日期。它不是以一艘船舶作为编制对象,而是综合所有建造船舶来编制的。主要内容有具体的作业项目、详细的人员配备、工时预估、完成日期等。

计划准备按日程次序划分四型计划,即订货计划、大日程计划、中日程计划和小日程计划。工厂生产负荷计划和工厂建造计划线表为订货计划,各阶段负荷计划和综合日程表为大日程计划,分阶段负荷计划和主日程表为中日程计划,月度计划表为小日程计划。它们是从整体到局部,从总计划到细化的月度作业计划,共同严密而科学地组成计划管理系统。

【活动二】　造船工程计划编制

依据《93 000 DWT 超巴拿马型散货船建造方针》编制工程建造计划线表。

精心组织　完整制造　扩大总组　缩短周期
93 000 DWT 超巴拿马型散货船建造方针

一、总则

《93 000 DWT 超巴拿马型散货船建造方针》(下称《建造方针》)是某造船有限公司组织 93 000 DWT 超巴拿马型散货船(下称九万三散货船)建造的纲领性文件。该建造方针将贯穿于九万三散货船建造的始终,各单位应遵照执行。

二、合同概况

1. 船东

BHCY。

2. 船型

93 000 DWT 散货船。

3. 建造数量和工程编号

2 艘，BHCY01／BHCY02。

4. 船级和规范

入 CCS 船级，挂 HongKong 旗。

5. 罚款奖励条件

（1）交船

延迟优惠期 75 天，自第 76 天起至第 255 天，每延迟一天罚款 5 500 美元，最大罚款金额为 990 000 美元，255 天后船东有权弃船。

（2）航速

航速低于保证航速 0.3 kn 以内不罚款，航速低于 0.3 kn 罚款 35 000 美元，低于 0.4 kn 罚款 70 000 美元，低于 0.5 kn 罚款 105 000 美元，低于 0.6 kn 罚款 140 000 美元，低于 0.7 kn 罚款 175 000 美元，低于 0.8 kn 罚款 210 000 美元，低于 0.9 kn 罚款 245 000 美元，低于保证航速 1.0 kn 以上船东可弃船或罚款 24.5 万美元接船。

（3）油耗

燃油消耗超过合同保证油耗的 5%，自油耗达 5% 起每超过 1% 罚款 30 000 美元。油耗超过 10% 时船东可弃船或罚款 150 000 美元接船。

（4）载重量

实际载重量如少于保证载重量 93 000 t 的 1 200 t 以上时，自 1 200~2 000 t，每减少一吨罚款 400 美元。如少于 2 000 t 及以上，船东可弃船或罚款 320 000 美元接船。

三、船舶主要技术参数和主要物量

1. 技术参数（表 3-4）

表 3-4　船舶主要技术参数

船种	超巴拿马型散货船
总长	约 235.00 m
两柱间长	228.00 m
型宽	38.00 m
型深	20.70 m
设计吃水	12.50 m
结构吃水	14.50 m
载重量（结构吃水）	93 000 t
航速（结构吃水 12.50 m）	约 14.50 kn

表 3-4(续)

船种	超巴拿马型散货船
主机型号	MAN/B&W 6S60MC
数量	1 台
功率	MCR 12 240 kW(转速 105 r/min)
CSR	10 404 kW(转速 99.5 r/min)
质量	约 371 t
发电机	700 kW×3 台

2. 结构与分舱

本船为一层连续的干舷甲板,前倾型船艏,球鼻艏,首楼甲板,五层居住舱室。居住、驾驶、机舱被安装在后部。机舱和货舱区为双层底结构。该船为 7 个货舱、机舱、艏尖舱和艉尖舱,由 9 个水密壁分割开。货舱区为单壳。

3. 主要物量(表 3-5)

表 3-5　主要物量

分段总数/个	161
吊装总数/吊	约 55
全船结构钢材质量/t	约 13 000(其中 12 100 t 为钢板)
质量/型材 t	约 900
全船管段数/段	约 13 800
电缆总长度/m	约 115 000
涂装面积/m²	约 290 000

四、主要大节点计划(表 3-6)

表 3-6　主要大节点

序号	工程名称	船级社	船号	船东	合同交船期	大节点			
						开工	铺底	下水	交船
1	93 000 t 散货船	CCS	HBC93-04	BHCY	2011-6-30	10-4-5	10-10-2	11-1-30	11-5-30
2	93 000 t 散货船	CCS	TBC93-03	BHCY	2011-9-30	10-6-4	10-12-1	11-4-20	11-8-8

五、基本建造方针

1. 总体建造方针

以中间产品为导向,将分段/总段作为典型的中间产品来对待,以分段/总段建造为中心,带动前后工序。加大分段/总段中间环节的预舾装量和单元/模块的数量,促进工序前移。实现设计生产管理一体化与壳舾涂一体化的统一,实现空间分道、时间有序的生产流程。

2. 计划管理要点

船体建造精度控制、分段/总段完整性控制、涂装标准控制。

3. 船体建造原则

(1)分段划分原则

①以船体初步设计阶段的初定船体分段的划分为基础,在详细设计以前完成和确定。

②综合考虑结构特点与强度:环形接缝应尽可能避免布置在船体总强度或局部强度的受力位置;结构应力集中的区域应避免布置分段接缝;应尽可能减少横向分段接缝的数目,必要时可将分段做纵向划分以保持一定的长度;对同类型结构,应尽可能采用同一划分方法;分段接缝应尽可能选择在结构原有板缝或节点零件(如肘板)的连接部位,尽量采用优化设计使分段的长度与结构强度要求的分布区域相匹配,达到减少钢板拼缝的目的;分段应具有足够的刚性,使不致因焊接、火工校正及翻身吊运等引起较大的变形。

③综合考虑工艺和施工条件:货舱区平行舯体部分,要充分利用平直分段流水线,满足平直分段流水线的生产工艺要求,并保证平直分段的质量和尺寸在平直分段流水线的生产能力范围之内;上下边水舱分段主要考虑尺寸和形状,同时也要考虑加强和翻身吊运的方便性;艏、艉分段以结构合理性划分;分段应尽可能根据钢板的尺度划分(长度和宽度),主要是长度,以减少对接缝,提高钢材利用率;分段的划分应考虑装配和焊接的方便性,尽量在大接缝处创造比较良好的操作空间,同时考虑舾装、涂装的方便性;分段的划分应有利于最大限度地采用自动和半自动焊接;应尽可能利用结构上的特点,减少或简化制造分段所需的工艺装备(如胎架、加强材等);尽量使分段具有单独进行密性试验的条件。尽量保证封闭型舱室涂装的完整性,减少焊缝对舱室涂装的破坏等。

④综合考虑生产计划和劳动量:分段划分的分段数量和分区包含的分段数量应考虑工厂的劳动组织及场地面积。

⑤综合考虑起重运输能力:工厂的起重运输能力是决定分段尺寸和质量的主要因素。所谓起重能力,联合加工厂房的起重能力、制造部运出分段时的输送条件和方法、船坞起重能力,以及分段翻身的条件和能力等。

(2)分段最大板材长度和宽度的选用

综合考虑板材采购能力、板材运输能力、板材预处理生产线预处理能力、内场起重能力和船型特点等。板材限定最大尺度为 4 m(宽)×16 m(长),单张钢板最大质量20 t。

（3）分段最大质量和尺度

基本原则同 5.3.1,分段最大尺度为 16 m×16 m×8.5 m,质量≤150 t。

（4）分段划分图、分段/总段表及搭载顺序(见插页 1 分段划分图)

（5）建造场地布置和分段流转原则

建造场地由钢料堆场、预处理工场、理料间、切割加工工场、部件装焊工场、分段装焊工场、分段翻身场地、分段堆场及预舾装场、总组平台、无损探伤室、船体辅助楼、焊接及物理试验室等组成。分段流转原则为单一流向,准时流动,流程上尽量紧凑,避免迂回。

（6）船体建造

①重视板材和构件的尺寸精度,为下道工序提供合格的部件。下料要采用数控切割。数控切割机要经常检查精度,并有检查记录保证其切割误差在质量标准的容许范围内。

②建立各工位的测量制度及程序,品质保障部设置合理的关键工序控制点,各工位安排控制点测量。

③各划线工位,应在认真看图后再进行工作,划线精度应在质量标准的容许范围内,划线工位负责人必须检查划线质量。划线后必须有切割检查线、要恢复构件的合拢线的划线,便于分段建造和坞内搭载时基准精度的检查。

④装配工必须备有线锤、直角尺、水平尺、卷尺等必要的测量工具,并具备一定的识图能力。

⑤发现有不符合精度要求的构件,不能流入下道工序,不能强行施工,要向上道工序反馈,并联系技术部以便解决相关问题,技术部应追溯问题的产生原因,以预防类似问题的重复出现。

⑥对曲面结构梁的线型和弯板的加工精度,要认真检查、校对,为下道工序奠定基础。技术部要提出改进弯板技术的具体要求和措施并广泛应用。

⑦品质保障部建立分段的精度控制程序。针对不同类型的分段,制定相应的分段精度控制措施。

⑧分段严格按照《船体施工要领》的规定要求施工,分段建造方式见插页 1 分段划分图。

⑨施焊顺序要合理,减少因施焊顺序不合理引起的结构变形、应力集中和返工,施焊顺序由技术部制定。

⑩分段施工必须按照品质保障部设置的控制点进行安装建造监控,落实责任人,以确保尺寸公差在质量标准容许的范围。分段完工后,一定要对分段进行测量,记录数据,并报品质保障部检查和确认,不符合要求的问题要在相应工位内部消除,以确保分段型线的准确。

⑪分段/总段预舾装除传统的管子、风道(管、筒)、电气焊装件、吊梁、吊点、设备底座、标识外,还应包括部分仪器设备底座及设备的各种标记、各种继电器、传感器、仪表的预埋件等。须严格控制分段/总段预装的舾装件及管系的安装精度,为坞内分段搭载周期的不断缩短打下良好基础。

⑫分段/总段预舾装合理安排管支架和电气铁舾件施工顺序,在组织施工时,尽量先安装管支架后安装电缆支架和马脚等,减少交叉作业。

⑬在九万三散货船总组合拢口实施无余量建造,其他合拢口为有余量建造分段,在搭载前单向切实。

⑭上层建筑在联合厂房西侧进行分段预制,在小港池北侧进行总组。上层建筑分生活区和烟囱两个总组段,下水前整体吊装。

⑮上层建筑与船体同步开工,设计要提供保证,为上层建筑完整性创造有利条件。上层建筑的内壁板、家具、门窗等,安装后应注意保护和清洁,特别是通道围壁,应采取必要的遮盖保护。

(7)焊接控制

①焊接是船舶建造过程中最重要的工作之一,其质量直接关系到船舶的安全性。焊接工作不但要保证焊接质量(焊透性、外观质量),还要认真控制焊接变形和释放应力,而且要发挥高效焊的效益和效率。

②平面拼板:满足后续流水线需求,准时生产,如没有有效措施不能重叠太多,以防吊环顶坏上层板列。

③小组装结构应采用二氧化碳(CO_2)保护焊进行焊接,以控制焊接变形。

④舷侧曲面分段、机舱分段及型材纵骨的接口要采用 TC 陶瓷衬垫单面焊双面成型的焊接方法焊接。

⑤各工位都应认真执行焊接工艺,特别是焊接方法不能凭自己的习惯任意选用,必须遵守焊接工艺室的焊接工艺标准。填角焊的焊角规格必须按设计的要求,不能凭经验估算焊角高度,而自行其是。最终的焊角高不得偏差规定焊角高度的±10%。

⑥各工位在结构(含分段)焊接完毕后应进行认真的"背烧",不能流于形式,即使没有明显的变形也要这样做,以便释放应力。品质保障部在检查时若发现结构体没有"背烧"的痕迹,应拒绝中间产品验收。各工位不得以进度为由,而忽视"背烧"工作。分段在交验前,应消除较大的板面变形,减小涂装破损率。

⑦焊条的烘干、保温罐的使用及引弧板的使用都应认真对待。

⑧在低温/有风的环境下进行焊接施工时,必须按有关工艺规定进行。

⑨各部门一定要下大力气提高焊接质量和焊道成型的外观质量。除船舶主体焊接质量要引起高度重视外,舾装各车间(机、电、甲、管等)对舾装件的安装焊接质量也要采取强有力措施给予保证,提高舾装工程焊道成型的外观质量,做好清磨工作。

⑩船体高效焊接实施范围:预拼板、T型材、平面分段、舱盖及生活区模块制作、货舱区分段总组及货舱区分段/总段合拢等工位实施高效焊接技术。

(8)船体建造精度控制

①从生产设计开始,零部件加工应为无余量、少余量。以加放补偿量取代零部件的余量,以货舱平直分段切实总组为突破口,扩大分段/总段无余量搭载范围,稳妥推进分段无余量制造。

②制造部参与船体建造精度控制策划,负责对车间产品精度建造和自主控制的管理及过程中的协调,确保分段建造过程中的各工序按程序和标准进行规范运作,向

下道按程序和计划提供合格的中间产品。

③船坞部负责对所属总组区域和搭载区域精度建造与自主控制的管理及过程中的协调,确保各工序施工按程序和质量标准进行规范运作。负责对上道流转的分段进行精度监控和施工中的自主控制,确保分段定位的数据和船舶整体的精度满足标准要求,并按程序计划完善各区域工作。

④品质保障部设立精度管理小组,对制造部内部中间产品实行采样监控,对分段/总段实行监控确认。准备精度建造与管理控制程序。参照相关标准,编制各中间产品的精度控制点、控制方法以及控制要领。在各区域产品开工前,与有关部门配合对员工进行一次船体建造精度与控制的有关知识宣讲,在施工过程中负责现场服务和督查。解决数据偏差超出允许范围等问题。建立各中间产品数据库,配合生产部门进行精控数据的采集,对精度管理的信息经收集、整理、分析后按中间产品和工艺阶段进行分类建档,重要信息及时反馈给生产部门和设计部门。

(9)船体分段、总段密性要求和实施范围

分段建造实施密性舱室角焊缝气密检测试验,扩大角焊缝密性试验范围配合真空试验解决分段角焊缝涂装问题。

(10)脚手架的形式和使用范围

在高空作业平面化的原则下,综合考虑分段装配、焊接、预舾装、涂装、总组、搭载等工序的通用性减少工作量。综合考虑翻身、运输、吊装等安全因素。

(11)船坞吊装网络图(见插页1分段划分图)

分段吊装方案的确定应同时适当考虑翻身吊装、总组吊装和搭载吊装等。

4. 舾装原则

设计所下发的图纸技术资料等应区分中组预装、分段预装、总组预装、单元模块等不同工位。

(1)分段结构性验收后,必须完成角焊缝密性试验。

(2)按舾装托盘管理表实施完成舾装件的安装工作。下面列举的仅是常规要求的舾装件。甲装包括管子、阀件、支架、复板、滤器、泥箱、吸口、膨胀接头等,冷藏空调通风包括上层建筑及货舱区的机械风管、风闸、风栅、调风门、自然通风头、空调冷藏设备管系等,电装包括中小型电气设备底座、电缆导架、照明灯架、加强衬圈、电缆贯穿件等电气铁舾件,机装包括基座、箱柜、机舱内拦水扁铁、扶手、梯子、栏杆、平台、格栅、单元和部分设备,舾装件包括人孔盖、放水塞、分舱标记、梯子、栏杆、平台、踏步、小舱口盖、起吊眼板、系泊装置、舭锚机、绞车等设备和铁舾件,上层建筑总包括钢质门、水密门、方窗、梯子、扶手、栏杆、拦水扁铁、绝缘碰钉、绝缘(部分)、敷料(部分)、顶壁板(部分)、卫生单元、家具(部分)等。

(3)分段完整性必须达到95%,才能保证做到有效地工序前移,保证涂覆系数,减低涂装破损率。

(4)总组阶段大型设备需完成安装(主要是机舱区),以减少坞内工程。

(5)设计部门联合生产部门选择构建适合的舾装单元(模块),并根据生产实际情况进行调整和扩大。

(6)船舶下水(出坞)完整性:船舶下水前完整性完善程度,是在保证船体进度同时,水下舾装单位从分段制作、分段总组以及坞内搭载各个阶段的生产准备情况所决定。船舶下水完整性是能否降低码头调试周期的关键。

(7)中间产品完整性的确认由品质保障部执行,各生产单位应加强自主控制的管理。

(8)机舱区域舾装原则

①考虑主机吊装前完成烟囱模块的安装,要求吊装前除合拢件外包括绝缘涂装在内的所有舾装工作全部结束,做到完整性吊装。

②主机安排在下水前吊装。主机工艺口处应保留适当的通道。机舱工艺口的尺寸应尽量考虑机舱吊梁及葫芦的预装。

③物资设备的选择,应选用我厂熟悉和质量价格比高的产品,缩短安装调试周期。特别是自动化一览表或其他图纸,要注意机、电一致性(如检测仪表的量程等)。

④本着加强对中间产品的研究和划分,尽可能使中间产品形成标准化产品原则,本船在设计时应实现部分设备功能模块的建造,为模块化造船打下基础。

⑤对机舱格栅、梯子的设计,在不影响后道工序的前提下,应尽量增大预装量,编制预装和船装托盘管理表,并标明安装阶段(分段预装、总组预装、坞内安装或码头安装等)。机舱未预装的梯子搭载后立即安装,确保施工安全。

⑥机舱箱柜应在车间进行预装组成单元,同时进行清洁和密性试验,将问题在车间中消除。整体吊装时,要注意仪表的防护。

⑦机舱各种基座和单元的安装,应特别注意和船体的配合,避免为了抢进度,不按工序先后顺序施工的现象,同时应注意船体精度达不到要求时,机座安装前应先将该部位调平后,再进行安装,避免造成不必要的返工。

⑧机舱双层底与单元相连的管子应放在单元内。

⑨为提高分段建造的预装率和船舶下水的完整性,机装、管装和甲装车间应不断总结经验,研究如何改进施工工艺,使舾装工作前移。同时还要在提高舾装质量和预舾装后的清洁保护上下功夫,以求提高舾装的质量和数量,缩短水下舾装周期。

(9)甲板区域舾装原则

①舱盖包括舱口围板作为中间产品的质量控制,从理论上必须建立"大型机械装置"的观念,除继续抓好细微部分的尺度及表面质量外,设计、工艺、质检、生产部门应必须特别注意作为机械构件的相配部位的精度。

②舱盖、舱口围板及附件的设计要求便于组成单元,围板侧的管子件要求预装。

③货舱分段及双层底分段的管子,预装要求达到80%,对分段之间的合拢管要求按预装进行托盘管理,绑带在分段上。

④所有铁舾装件要求按工位编制托盘管理表,并进行工位预装。例如梯子、踏步、人孔、丝堵、分舱标记、管支架等。设计出图计划要考虑分段预装周期,特别是货舱及压载舱的舾装件的制造安装要纳入生产计划中。

(10)电舾装原则

①上层建筑总组实施完整性吊装,吊装前应完成电气设备座、主、支干电缆架、导

缆孔、过线孔等的焊接工作,支干电缆的敷设应基本结束,电气安装的原则是总组后无法吊入的设备和不易受损的设备应在总组时吊装。特别注意,电缆穿壁(甲板通舱件)要双面满焊。

②雷达桅及前桅要求在横向状态下预装完毕,如导架、机座、灯座、波导管支架、汽笛支架等,在涂装完成后要求进行电缆敷设和设备安装,如通信、导航、气象、照明及汽笛等。预装后雷达桅应与上层建筑总组一体吊装。

③上建总组主干电缆实施预装。其余部分在上建总组吊装后实施。

④分段预制范围:主要完成电缆架、导缆过线孔、电气设备座灯架等铁舾件的焊接、分段焊装的预装率要求达到90%以上,并要确保焊接质量,特别是外观质量。

5. 涂装原则

(1)钢材表面处理

①预处理流水线应满足规格书要求,Sa 2$\frac{1}{2}$级,粗糙度为 30~75 μm。在下列情况下不应进行预处理:相对湿度超过85%,钢板的表面温度高于露点温度少于 3 ℃。在表面处理结束时,在进行底漆涂装前,应依据涂料商的建议检查钢板表面的清洁度和粗糙度。车间底漆与主涂层系统的相容性应由涂料生产商确认。

②为明显区分不同的普通船用钢和高强度钢,应用不同颜色的底漆区分。

(2)涂装施工在开工前与设计所召开技术交底会议,施工中要严格按照技术文件、涂装明细表及涂装施工手册编制施工流程,以避免误用油漆型号等重大质量事故发生。

(3)分段涂装前应落实完整性状态,完整性交验由品质保障部负责,以降低涂装破损率。

(4)二次表面处理钢板表面应加以处理,去除毛边,打磨焊道,去除焊接飞溅物和任何其他的表面污染物,以使选择的涂层能够均匀涂布,达到所要求的 NDFT 和有足够的附着力。涂装前边缘应处理成半径至少为 2 mm 的圆角,或经过三次打磨,或至少经过等效的处理。

(5)为了不影响焊接质量,涂装时应注意对分段合拢口及肋板、纵桁结构将要焊接部位的遮盖。涂装时应对分段合拢口要焊接部位边缘预留 200 mm 非涂装区域(车间底漆除外),并采取遮盖的方式予以保护。

(6)中间产品应及时跟踪涂装,并制定出相应的涂装工艺,检验方法的标准。

(7)封闭区域提前涂装并须得到船东确认。

(8)对总组搭载大接缝处理为 St 3,或更好,或可行时为 Sa 2$\frac{1}{2}$。小面积破坏区域不大于总面积的 2% 时为 St 3。相邻接的破坏区域的总面积超过 25 m^2 或超过舱室总面积 2%,应为 Sa 2$\frac{1}{2}$。全面或局部喷射处理,达到 30~75 μm,其他的处理按照涂料生产商的建议。涂层搭接处表面要处理成斜坡状。

(9)施工中的吊运、运输及安装,一定要有对漆膜的保护措施。

(10)下水(出坞)前船体外壳、船体附件和上层建筑单元涂装应完毕,下水(出坞)前油水舱、压载舱涂装要求应完毕。

(11)舾装件涂装应在满足技术文件的前提下应由涂料生产商确认,实行通用化系列化。

6. 建造质量标准和质量管理要求

(1)完善质量保证体系使之有效的运转,防止不合格品的出现,如出现不合格品应控制在本道工序内解决。

(2)编制对外检验项目清单,考虑加大内控力度,加强内检工作,为工厂生产优良的中间产品提供保障。

(3)无损探伤在符合相关规范的要求下尽量减少 RT 形式,而用 UT 代替。

(4)交验项目应本着内检严要求,外检抓重点的原则。尽可能压缩外检项目,减少交验时间,缩短建造周期。检验项目表应与生产设计部门协商,达成一致后再向船东船检送审。

7. 安全、防火管理要求

(1)坞内作业区,应注意脚手设置的质量和安全保护,注意高空作业安全防坠防风。

(2)舱室内的作业,应注意防火监护,杜绝重大火灾事故。

(3)舱内使用 CO_2 焊接时要做好通风安全措施,CO_2 系统调试时的安全措施。

(4)加强厂房、场地、坞内和码头的生产定置管理,特别应强化坞内和码头船舶施工时的现场"5S"管理。

(5)加强船舶下水后,调试阶段的用电安全管理和动火管理。

8. 生产保障流程和要求

(1)探索先进的脚手搭设工艺,降低单船脚手费用。

(2)为胎架、坞内和码头风、水、电、气的管理和服务工作提供保障,保证生产需要。

(3)做好生产设备的日常维修和保养工作。

9. 物资采购流程和要求

(1)为保证船舶能按计划时间准时且连续开工,采购部按照生产管理部下发的《物资纳期计划》组织采购和订货。

(2)各类物资材料设备的供货,应满足分段建造及预装计划、坞内搭载和区域舾装计划的要求。注意物资设备到厂的完整性,避免由于某些物资设备不能按期到厂,造成施工计划不能顺利按期完成的现象出现。在订货中对合同交货期能否满足施工计划要求有疑问时,可征询生产管理部意见。

(3)细化物资的生产技术准备工作和各类设备(物资)的到货期,要按设备订货明细表中所列各项设备(标明合同编号)统计造表,及时提供有关部门,作为生产技术准备工作用文件。

(4)加强物资设备(特别是阀门等小型物资)进场前的质量检查工作。

(5)主要设备(特别是进口设备)进厂要做开箱检验,按技术协议清单进行点验并做好入库登记(数量、备件及外观),备件要单独保管。机电设备出库要按照明细登记,杜绝按船套开单出库。

(6)主要设备和原材料应达到货物与说明书、证书同步到厂。对因各种原因无法满足同步到厂要求的产品,其交货严格按照公司的相关要求进行控制发放。

(7)本船实行按区域舾装需要的发料方法,即按照设计所下达的备料实行按系统采购,按托盘配齐和发放的办法。

(8)本船严格执行限额发料,超过定额用料应该按工厂有关规定办理补发手续,否则不予发料。

(9)尽量避免由于各种原因造成的仓库有料而发不出的现象,以减少生产准备人员重复领料时间,促进生产。

六、生产流程简述及控制要点

1. 船体主要建造工艺流程(图3-4)

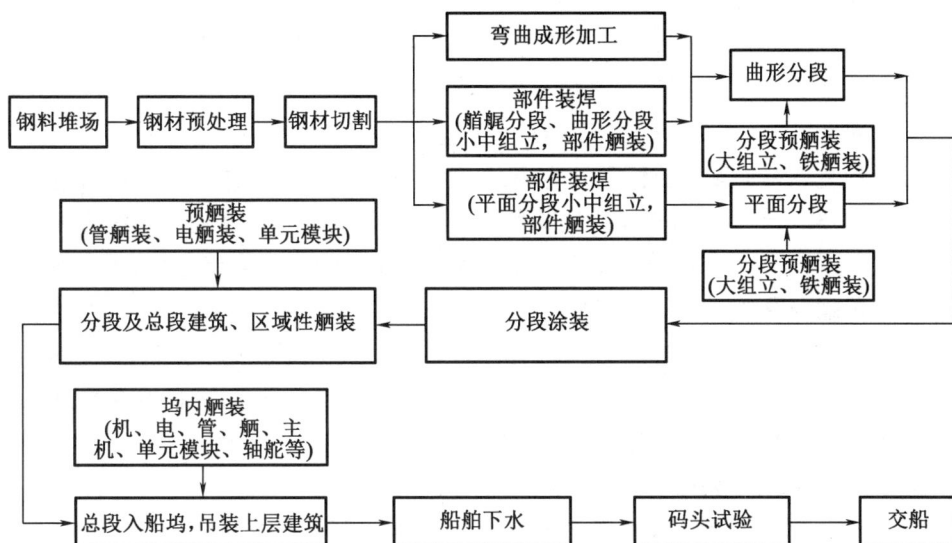

图3-4 船体主要建造工艺流程图

2. 钢料存储原则

钢材在堆场的存放周期控制在1个月左右;钢板根据材料种类、尺寸大小分别叠放;型钢根据材料种类、尺寸大小分别放在料架上;钢材进入钢料堆场即纳入计算机管理系统;钢板和型钢在钢料堆场卸货时按与预处理线平行的方向堆放,保证总体流程顺畅。预处理前应确定钢材无重大质量问题。

3. 钢材预处理原则

所有钢材都须进行预处理。

4. 理料原则

预处理后的钢板卸料、存放、整理工作,并为各相关切割加工工场提供分段/分区配盘后钢板、型钢。钢材配盘应在分段分区切割前完备。

5. 切割加工原则

按成组技术原理和分道建造工艺组织生产;采用高效率和高精度的切割方式,实现切割自动化和机械化,提高钢材利用率;为了提高切割机和起重机使用效率,数切指令在设计时,零件切割时不完全切断,下切割平台时可整张钢板吊运。切割后在部件装配前应抽检尺寸精度,分拣零部件应保证工作包的完整性,零部件自由端应满足涂装要求。

6.部件装焊原则

为提高部件生产质量及部件生产的完整性,部件生产大量采用自动化生产线;部件拼板采用 HIVAS 自动拼板设备以确保拼板质量;T 型材的制造采用自动生产线;配置焊接辅助设施,减少工人辅助作业时间,有效提高工作效率。弯曲加工采用大型框式油压机及三辊卷板机。部件装焊环节是满足分段装焊流畅进行的最关键工位,在流入分段装焊工位前应确认部件分类齐备,补缺补漏,平面精度无余量,防变形装配等。品质保障部利用部件交验介入分段部件完整性控制,形成分段部件清单。

7.分段装焊原则

平面分段建造利用流水线生产工艺流程,提高质量和效率;平面分段板列焊接采用单面焊双面成型的焊接工艺;平面分段流水线采用纵骨先装法;平面分段纵骨及桁材(肋板、纵桁)与板列的焊接采用 CO_2 气体保护焊等高效焊接方法;机舱及艏艉部曲面分段的建造采用固定胎位形式建造,胎位上设高精度可调支柱式胎架以确保曲形精度;曲面分段制造阶段基本完成铁舾装件的装焊工作;推广高效和节能的焊接设备,以提高分段制造质量。在翻身前应确定相关焊接,舾装,吊装加强等工作结束。

8.分段翻身原则

充分结合前道生产工艺流程,不迂回、往返运输;分段翻身采用平衡吊梁,确保安全;双壳分段翻身范围包括双层底、双层舷侧分段、上边水舱分段;分段翻身在原地完成焊接装配工作。翻身前应确认无自由件。

9.上层建筑装焊场地

实施定制管理,试行员工的复合能力培养,形成循环改进流程。

10.分段堆放及预舾装原则

接收联合厂房产品,作为总组场地需求的储备区域。作为制造部与船坞部交接的关键中间产品,要控制分段精度和预舾装完整性。细化分段堆放及预舾装场地,建立场地平面数据库(电子表格)及时更新,以备纸上合理安排分段存放处理位置,进行负荷计算及方便品质保障部、技术部和设计所等部门直接定位。

11.总组区域原则

分段从车间运出采用自升式液压平板车;焊接设备采用高效节能自动或半自动设备,如总段垂直大接头采用垂直气垫焊,甲板大接头拼板采用全位置埋弧自动化焊机等;实施总装造船,高空作业平面化,减少取消全船脚手架,采用高空作业车或活动车架配合高空作业;超过单台龙门吊起重量的总段用两台龙门吊联吊;尽量提高总段进入船坞时完整性,可以缩短船坞周期。

12.舾装原则

根据现代造船模式,以中间产品为导向、实行壳舾涂一体化区域造船法,通过生产设计实现作业区域定产品、定人员、定场地、定设备、定指标(规模)的定置管理,采用一专多能,复合工种或混合工种组成的区域劳动组合新体制亦即建立起与壳舾涂一体化区域造船法相适应的生产设计体制完全相对应的区域舾装生产作业组织,与区域生产设计和区域管理一一对应,进行按区域/阶段/类型生产作业。实行区域舾装法使舾装作业达到水上作业陆地化、空中作业地面化、外场作业室内化、作业过程装配化。充分使舾装作业前移并与船体制造同步。扩大单元组装和模块化舾装的作业量,以尽量提高船体分段制造、总段制造和合拢后的舾装作业效率为原则。

13. 涂装原则

为提高喷砂效率,减少能源消耗,分段二次除锈考虑喷砂达到 Sa 2.5(出白)与扫喷相结合,其中 40%喷砂达到 Sa 2.5,60%扫砂。满足产品需要,同时在任何气候条件下都能正常进行喷砂、喷漆作业。采取合理的去湿除盐措施。

14. 集配中心

集配是舾装件制作(或外协供货)与现场安装的中间环节,也是舾装作业的关键环节之一,它能起到保证船舶建造安装周期的作用。舾装件物流通过集配中心以托盘形式按照造船计划进行配送,生产管理和物资管理以短期循环期的流通量控制替代长期循环期的库存量控制,形成符合现代造船物流 JIT 模式的舾装件集配管理系统。集配中心所依托的托盘为设计所提供。为了提高预舾装、舾装效率,须深化生产设计,强化托盘管理,按分段工序及区域来划分托盘,并编制托盘管理表。托盘管理表既是一个作业单位的总的舾装品清单,又是进行托盘舾装不可缺少的管理信息,需要包含舾装件物流的全部信息(来源、流向、规格、型号、数量等)。

任务二　建造计划编制

【活动一】　知识准备

一、造船计划管理

为了使计划发挥作用,必须使其遵守相应的体系文件、按照事先制定好的工艺流程路线运作;要对每一个阶段、每一个环节的计划进行跟踪,计划的管理在于严肃性,要采取预防在先的原则。

1. 生产后勤保障计划管理

首先是材料纳期的管理,材料计划的跟踪要有专人每天按计划检查当天的订货和纳期材料,若有材料订货滞后就应在中间环节上争取时间,保证纳期;材料进库要在生产需求时间的前 7 天完成,要让每一种材料都有自己的平衡时间、托盘制作时间;图纸计划的跟踪基本上应该由设计部门内部统一管理,统筹安排,每天检查。

2. 生产计划管理

生产计划管理要从生产监造和生产制造两个方面着手;生产监造的依据是先行中日程计划里的各分段,各阶段的最晚开完工时间;生产制造的计划管理相对复杂一点,要依据场

❖ 地胎位调整计划和后行计划中的生产各阶段时间来进行控制,要跟踪施工班组每一天的工作量、设备配备和施工人数,设备、人数不足的要及时调整,白天不能完成当天工作量的要通过加班来完成,决不许拖延到下一天去完成,以免影响下道工序的施工和胎位的使用。

3. 计划的打折与调整

计划是生产控制的相关文件,计划的成功,决定了企业实现经营目标成功。要找出不能完成计划的问题所在,不能利用计划打折来回避问题,而是要解决问题,从而实现计划的可控性和完整性,也使公司的经营目标能够完成;而在生产计划不饱满的时候,生产安排更不能打折,否则就意味着生产成本的增加、生产资源的浪费和生产节拍的打乱,可以通过调整,安排专门的一两天进行设备维护保养等,从而保证每天生产计划的饱和。

随意调整计划是计划中的大忌,在特殊情况下,需要调整生产计划的,应该由现场管理人员提交给部门领导审批,并由计划编制人员根据实际生产情况,在不影响整体计划的前提下提出意见,经计划主管批准调整;但如果没有获得任何一方签字,计划都不可以调整,这就是计划的严肃性,对任何一个擅自调整计划的人员都应该根据生产计划管理体系文件进行处理。

4. 计划反馈与工时统计

通过计划的反馈,可以及时掌握计划执行情况、及时发现问题、总结和分析反馈数据、还可以了解工艺创新和设备推广所带来的好处;生产各阶段工时的量是可以在节拍均衡生产的各班组人员投入的一个依据,通过工时统计结果的对比,可以发现各阶段各工种的熟练度,对以后的难易度计算有很大的帮助,同样对新工艺、新设备推广所带来的好处进行比较。反馈和工时统计是船厂以后计划调整、发展论证等不可缺少的依据。

5. 实现计划周报制度

公布各部门的计划执行情况,对计划未完成的要求部门提出书面材料解释,并根据计划管理体系文件提出处理意见,对影响计划的问题提出整改计划。

二、造船计划管理的功能

造船计划管理的主要目标是在交货合同规定的时期内,综合考虑人、设备和场地诸要素,建造出各种造价低、质量高的船舶。造船计划管理具有以下三个方面的功能。

1. 按照船厂人力资源和技术装备、技术水平确定总体效益最优的船舶建造方法

例如,一艘船上船台是用一岛式还是二岛式;分段划分多大为好;提高焊接效率是用分段多翻身的方法,还是用高效的单面焊双面成型的方法;上层建筑是在船台上装,还是整体合拢后在水上整体吊装;分段的预舾装率为多少最为恰当;分段的部装率应该是多少;单元组装实施是否有利;分段二次除锈是用打磨方法还是用喷丸方法;船舶开工时图纸、材料应具备什么条件最为恰当;上船台分段的储备量应该达到什么标准;船舶下水完整性是高还是低等。所有这些,都是围绕着"优化"二字做文章,究竟什么建造方法最佳,并没有固定模式,这需要根据船厂的条件去研究探讨,不断总结提高并付诸实践。

2. 根据船厂积累的历史数据和造船工程师的工作经验合理安排各个制造阶段的工作量，保证造船作业的生产负荷均衡化

传统造船模式下经常会出现加班加点或者某段时间各个部门抢占同一场地或同一重要设备的情况，这主要是由于产品制造过程中各车间或部门工作量和工作内容预先安排不合理所致。建造一条船特别是同时建造几条船，建造项目很多，计划安排很复杂，这就需要事先进行科学合理的计划，把各个不同时期的各工种劳动力负荷、生产场地负荷、大型设备负荷、船台搭载负荷、运输负荷加以叠加并且进行平衡，削峰填谷。

3. 详细而周密的工作日程安排

在对船厂现有生产技术水平、生产能力进行综合把握的基础上，依据估算而得到各个制造阶段的物量信息，结合企业以往生产的相似船型的有关物量、工时数据，确定各个制造阶段的工作量、工作开始日期、完成日期等，并以此为依据来计划所应配给的人力、设备、场地等资源的到位日期。通过这种详细而又周密的工作日程安排，保证各个中间产品制造阶段所需的材料、设备、人员以及前一制造阶段中间产品都能在规定的时间内到达。没有详细而又准确的工作日程、工作内容的规划就会直接导致车间该生产的没生产，不该生产的却生产了一大堆，急用的没有，暂不需用的还要花时间与精力寻找其存放地点等。

三、造船计划管理的特点

造船计划管理是船舶智能制造思想实现的重要载体，是船厂贯彻船舶智能制造模式理论思想的表现方式，它具有以下特点。

1. 以中间产品组织生产为基本特征的总装造船模式

中间产品的理念贯穿造船计划管理的全过程，即以中间产品为导向，按区域/阶段/类型组织生产，形成生产作业体系，实现壳舾涂一体化流程作业，并以此作为配置船厂设施、设备、作业区域、物料、生产组织形式、人员等各类生产要素的理论依据。

2. 实现设计、生产、管理、信息一体化

造船计划是建造工艺与工程计划的有机结合，并把建造工艺作为一种计划进行管理，通过计划指令的方式来指导设计、工艺，可以充分体现设计、工艺、管理一体化的原则。

3. 目标是均衡、连续地总装造船

造船计划的核心是能力与负荷的均衡，因此造船计划管理的中心就是将工程负荷的测算与计划紧密结合，按既定方针实现计划、物料、质量和成本的可控管理。

4. 突出造船计划的综合性和协调性

作为一种完整的管理运作体系，造船计划管理应突出工程计划的综合性和协调性，将工程控制与管理信息的反馈纳入工程计划管理体系，并实现网络化、信息化管理。

【活动二】 综合日程表的编制

依据《93 000 DWT 超巴拿马型散货船建造方针》编制综合日程表(表3-7)。

表 3-7　综合日程表

完工前月数		15	14	13	12	11	10	9	8	7	6	5	4	3	2	1
主要工程																
前货舱及船首区	船体															
	压载舱货舱															
	露天部分															
后货舱及船尾区	船体															
	货舱内															
轴系																
机舱区	船体															
	辅机台主辅机等															
	机舱舾装															
甲板室及其他	船体															
	居住区舾装															
	其他															

注：表格中填写到期、出图、上船台、内部加工、分段装配、安装舾装、试验、调整等。

【课后习题】

一、判断题

1. 造船计划管理的特点包括预见性、针对性和严肃性。　　　　　　　　　（　　）

2. 造船计划管理从广义的范畴解释就是造船生产管理，涉及造船全部生产要素的统筹协调和计划控制。　　　　　　　　　　　　　　　　　　　　　　　　　（　　）

3. 造船计划管理标准结构体系包括基础标准、管理标准、计划标准和计划控制标准四个大方面。　　　　　　　　　　　　　　　　　　　　　　　　　　　　　　（　　）

4. 按照船厂人力资源和技术装备、技术水平确定总体效益最优的船舶建造方法。
　　　　　　　　　　　　　　　　　　　　　　　　　　　　　　　　　　（　　）

5. 中间产品的理念不需要在造船计划管理的过程中贯彻。　　　　　　　　（　　）

6. 造船计划的编制应该像产品设计一样有依据、有标准、有尺寸。　　　　（　　）

7. 造船计划应以"日"为单位,设定计划进度,以确定其严肃的地位。　　　（　　）

8. 造船计划应该严密不应留有裕度。　　　（　　）

9. 造船计划应充分体现现代造船模式的思想,并在具体的计划表中完整反映。（　　）

10. 造船计划应以船台为准点向前展开各阶段的建造计划;以合同交船为准点向前展开码头舾装和试验计划;以满足合同交船期为准倒排计划。　　　（　　）

11. 为了使计划发挥作用,必须使其遵守相应的体系文件、按照事先制定好的工艺流程路线运作。　　　（　　）

12. 船舶建造环节较多,所以不需要对每一个阶段、每一个环节的计划进行跟踪。

　　　（　　）

二、单选题

1. _____主要是从船舶产品的类型、船舶建造任务的区域及阶段进行工时负荷的标准衡量。

　　A. 工时负荷标准　　　B. 物量负荷标准　　　C. 船厂设施能力标准

2. _____主要是从船舶产品的类型、船舶建造任务的区域及阶段进行物料负荷的标准衡量。

　　A. 工时负荷标准　　　B. 物量负荷标准　　　C. 船厂设施能力标准

3. _____是从船厂的主要设备和建造场地周转率两方面进行标准衡量。

　　A. 工时负荷标准　　　B. 物量负荷标准　　　C. 船厂设施能力标准

4. 根据_____式的管理要求,建立健全造船计划管理组织与流程。

　　A. 现代造船模　　　B. 作业类型　　　　C. 区域管理　　　　D. 各阶段管理

5. 根据_____的不同制定相应的计划模型。

　　A. 现代造船模　　　B. 作业类型　　　　C. 区域管理　　　　D. 各阶段管理

6. 根据_____的不同要素制定相应的管理方式。

　　A. 现代造船模　　　B. 作业类型　　　　C. 区域管理　　　　D. 各阶段管理

7. 根据_____的不同特点制定相应的管理要领。

　　A. 现代造船模　　　B. 作业类型　　　　C. 区域管理　　　　D. 各阶段管理

8. _____是在订货计划阶段编制的负荷计划,是在生产技术准备中确定建造法时进行编制的。

　　A. 造船计划中的工厂生产负荷计划

　　B. 工厂建造计划线表

　　C. 综合日程表

9. _____是订货阶段,经过建造法验证工厂负荷后,所确定的日程总计划表。

　　A. 造船计划中的工厂生产负荷计划

　　B. 工厂建造计划线表

　　C. 综合日程表

10. _____是一种工程管理大日程计划阶段的日程计划表。

　　A. 造船计划中的工厂生产负荷计划

B. 工厂建造计划线表

C. 综合日程表

11. _____是一种工程管理大日程计划阶段的日程计划表。

A. 综合日程表　　　B. 主日程表　　　C. 月度计划表

12. _____在进入中日程计划阶段,编制施工要领时,施工程序和作业方法都已详细确定。

A. 综合日程表　　　B. 主日程表　　　C. 月度计划表

13. _____是小日程表,它是以主日程表为依据,编制具体作业项目的完工日程。

A. 综合日程表　　　B. 主日程表　　　C. 月度计划表

项目 4　造船物资管理

【项目描述】

造船物资管理包括采购管理、库存管理和单据管理三个方面。造船物资采购分为物资预购、外修工程物资采购及内修工程物资采购；造船物资库存管理包括物资的贮存、标识、检查、超期物资处理及物资出库管理等；造船物资在采购、入库、贮存、出库等过程中皆应填写相应单据。

【船舶故事】

朱先波是中国船舶集团有限公司的电焊工首席技师，也是大船集团的唯一一位首席技师。

在辽宁舰、山东舰两艘国之重器上，有一项关键焊接技术，是由朱先波突破的。

当时，大船集团正在建造一艘重点型号水下产品，然而，从外国进口的一个关键部件却无法完成焊接。集团请的很多专家都无计可施，项目只好暂时搁置，一停就是半年。

朱先波心里一直惦记着"这根刺"。

他清楚，焊接受阻的主要原因是这种材料焊接时会产生磁场，想要正常焊接就必须消磁。于是，他借来磁场方面的书籍研究，并找了4位工友一起试验。

先用书上介绍的"左手定律"法，没有效果；再试试"隔离法"，成本太高，还是不可行。后来他发现，磁场是"活动"的，于是尝试"导磁法"，终于获得成功。

正是因为有了朱先波前期的研究成果，等建造辽宁舰、山东舰时，磁场影响焊接不再是问题。

随着造船技术的发展，建造使用两种燃料的混合动力船成为趋势。然而，使用燃气动力就需要在轮船上加增一个九镍钢罐，而九镍钢对焊接技术要求很高，大船集团并不掌握这种焊接技术。

2015年开始，朱先波关注到了这种新技术。他在一次展会上发现了九镍钢焊接材料，在与厂家交流后，获赠了一包九镍钢焊条。

朱先波用这些焊条练手，并把使用时发现的问题反馈给这家企业的研发人员。在这家企业看来，朱先波相当于在进行焊接材料性能试验，对于后续改进材料性能很有帮助，于是，一直免费为朱先波提供这种焊条。

2019年，大船集团接到了承建世界第一艘30万吨超大型双燃料混合动力船的订单，正在公司犹豫时，朱先波拿出多年研究九镍钢焊接技术的成果，让集团吃下定心丸。

在他带领下，经过近1年的施工，公司圆满完成任务。此后，他进一步研究九镍钢罐绿色高效焊接新技术，使焊接材料节省40%，焊接效率提高了1倍。

与焊花为伴的 20 余年里,朱先波先后解决了 20 余项国家重点项目的施工难题,确保了多个国家重大项目圆满完成。

任务一　采购管理

【活动一】　知识准备

在现代造船模式下,造船企业物流效率的高低将直接影响企业的生产效率和产品生产周期,现代造船模式要求物流连续、均衡,即空间上的连续性和实践上的流畅性。要实现该目标,外部采购必须按生产计划进度要求准时、足额到位,过程控制要渗透到供应商制造过程,采购状态信息要做到及时、公开和共享,对钢板和分段出入场地的时间和空间要进行合理的规划,以提高钢板和分段堆场的周转效率,对与生产直接相关的物资和资源,以托盘的形式进行集中管理,以保证在规定时间将规定数量的物料配送到规定地点,从而提高企业的标准化水平和生产效率。

一、造船企业采购管理特点

船舶制造具有定制生产的特点,造船厂按船东要求进行船舶设计,向上游供应商采购原材料、设备和舾装件,经过逐级制造和装配,最终形成船舶产品。在此过程中造船厂和供应商的生产活动除满足船东要求外,还要符合相应船级社的规范。造船企业的采购管理与一般制造企业相比,存在如下特点。

1. 船东拉动的需求链

最大限度地满足用户需求是定制生产的基本特点,造船厂和供应商的所有工作都围绕满足船东的需求而展开,因此造船企业的供需链实质上是由船东拉动的需求链。

2. 采购中间环节少

按照船东要求定制的船舶产品制造模式对造船所需的原材料和配套件的个性化要求高,因此采购过程一般是由船厂直接与供应商进行技术和商务方面的谈判,代理和零售等中间环节少。

3. 跨国际采购量大

我国船舶制造业较早面向国际市场,中国两大造船集团的订单 90% 是从国外市场获得的,外国船东往往要求选用国外厂商的主机等关键设备,另外一些高密度的钢板和配套件也需从国外进口,配套件的国内配套率不足 50%。

4. 交货期、数量和质量要求严格

随着造船模式的转变,船厂对原材料和配套件的供应提出了更高的要求,准时、足量和保质的供应成为影响造船企业均衡连续生产的关键要素。

5. 采购数据增量式产生

船舶产品按照船东要求定制的模式也造成产品设计周期长,设计及建造过程中变化较多,因此采购需求只能随设计阶段的不断深入而增量式的形成,并逐步准确,造成采购准备周期短,采购需求处理复杂。

6. 采购成本较难控制

造船所需原材料及配套件数量大且定制性要求多,这一特点决定了造船厂对原材料供应商及船用配套企业有着很强的依赖性,采购成本控制困难。

7. 采购管理复杂

在长达数月甚至一年以上的生产周期中,船舶制造要把数以万计的零部件、数以百计的配套设备和数十个功能各异的子系统,通过船体平台有机地组合成一个整体,生产过程既有大量零部件的加工制造,又有繁杂的逐级装配,经营、物资、设计、计划、成本、制造、质量、安全等各种不同类型的功能,以不同的时空坐标交织在一起,使得船厂采购任务和采购管理变得更为复杂。

二、传统采购模式及存在问题

在传统的采购模式下,船厂各部门的业务活动基本是固定的。设计部门提供采购清单,物资部门根据采购清单选择有资质的供应商进行询价,订货决策者采用价格最低的原则确定最终的供应商,采购部门负责具体的采购业务与付款。在这种模式下,船厂采购活动的重点是如何用最低的价格与供应商签订采购合同,重视采购过程中的价格比较,虽然质量、交货期等也是供应商选择过程中考虑的因素,但是无法实现对这些因素的事前和事中控制,只能通过到货验收等方式进行事后控制……传统的采购模式存在的主要问题如下。

1. 企业间和企业内部信息共享难

供应商的选择是传统采购模式下的关键问题。但在采购过程中船厂为了自身利益最大化,往往会保留部分私有信息,通过这种方式削弱供应商的讨价还价能力,同时供应商为了赢得最后的订单,往往也会隐瞒自身的部分私有信息,即船厂和供应商都为了自身利益最大化,无法进行充分的信息共享,从而出现信息不对称博弈现象。从企业内部来看,采购过程中的具体情况只有经办的采购员清楚,采购员的工作失误可能导致船舶建造活动的耽搁,对于采购部门领导而言也无法实现对采购活动的全程控制。采购信息不共享会给船舶建造的生产组织活动带来诸多不确定因素,比如采购物资的无法按期到达将影响船舶的交货期。

2. 物资质量控制难度大

在传统的采购模式下,船厂只能通过事后把关的方式实现对物资质量的控制,因为船厂无法参与供应商的生产组织以及相关质量控制活动,只能通过各种有关标准,如国际标准、国家标准、行业标准等进行检查验收,同时船厂和供应商之间缺乏有效的合作,进一步增加了对物资质量控制的难度。

3. 合作关系不稳定

在传统的采购模式中，船厂和供应商之间的关系是临时的或者短期合作，因此缺乏有效的合作和协调，可能导致在采购过程中出现扯皮的现象，在解决一些细小的日常问题上花费大量时间，船厂和供应商不稳定的合作关系，增加了船舶制造过程中的不确定性。

4. 缺乏响应市场需求变化的能力

由于船厂和供应商之间缺乏充分、及时和有效的信息共享，在市场需求减少时，船厂无法更改已有的订货合同，导致库存积压；同样，当市场需求增加时，船厂和供应商之间需要重新谈判和重新订货。因此船厂和供应商之间响应市场需求变化的不同步，导致船厂缺乏响应市场需求变化的能力。

5. 手工工作量大、效率低且误差率高

在物资的采购和使用过程当中涉及技术部门、采购部门、生产部门、仓库和财务部门等各个部门，需要重新记录相关信息，重复性劳动工作量大、效率低且误差率高，而且所有的信息都是通过纸质文件传递，传递时间长，任何一个环节出错，都会影响其他相关部门工作的正常开展，同时无法及时提供准确的库存数据，将会给采购决策和生产组织带来困难。

6. 库存量大，库存成本高

在传统的采购模式下，船厂的仓库管理人员为了能够保证物资的有效供应，通常预留较大的余量，采购员为了充分保证生产需求，也会预留余量，采购部门领导考虑到不能按期到货风险以及库存安全性，也会预留余量，这将导致大量的库存积压，造成采购资金积压，库存费用增加。

总之，传统的采购模式已经无法适应船厂的发展，不能满足现代造船模式的需求。

三、现代造船模式对采购管理的要求

在现代造船模式下，采购管理须满足以下要求。

1. 与供应商建立长期合作伙伴关系

造船具有定制生产的特点，生产的驱动力来自最终用户，船厂根据船东订单要求进行造船设计，向原材料供应商采购原材料，向配套企业订购配套产品，向协作单位提出协作要求，经过逐级制造和装配，最终完成船舶产品的生产，并将船舶交到船东手中。造船企业在向总装模式转变的同时造成其采购范围和深度的变化，尤其是钢板及设备类物料，其本身价值昂贵，质量好坏对企业产品会产生重大影响，并且能够提供这种物料的合格供应商不多，短时间内无法更换供应商。因此，造船企业必须致力于与质量可靠的供应商建立一种长期的、战略伙伴式的合作关系，实现供需双方的"共赢"。

2. 采购计划的编制要科学、合理

采购计划是采购执行的依据，采购计划编制的优劣直接影响采购效率和效果。因此，必须建立科学合理的采购计划编制方法，不断收集和整理相关数据，并充分考虑船厂内外部各类影响要素，确保采购计划合理有效。另外，采购计划必须要与生产日程计划建立关联关系，实现生产计划和采购计划之间的信息共享。

3. 依据材料类别设置不同采购策略

由于造船企业采购物料种类繁多,既有主机、发电机组等大型设备及钢板等主要原材料,又有阀件、管系附件、紧固件等低值易耗材料,不同类型的材料其采购模式和采购策略存在较大差异,因此,造船企业必须建立多类型的采购策略。对于重要设备可采用零库存策略,要求供应商根据建造计划的要求按时供货;对低值易耗标准件可采用虚拟库存动态补给策略,优选几家供应商建立长期的战略合作伙伴关系,要求供应商在企业库存中存放一定数量的材料,根据材料的消耗情况供应商自动进行补充,双方按约定周期进行结算。

4. 采购过程监控要全面、深入

现代造船模式下采购过程必须实现从设计部门的材料清单的获取、纳期计划的形成、采购计划的编制、采购任务的下达、采购执行状态的监控到材料回厂全过程的信息集成与共享。另外,由于大多数的供应商都是在接到订单之后才开始定制生产的,采购部门很少参与供应商的生产组织过程和有关质量管理活动,对质量和交货期只能事后把关,因此,对采购材料的质量和交货期难以控制。现代造船模式要求采购活动必须深入到供应商的生产组织环节,对供应商的生产进度、生产质量等执行过程信息进行必要的跟踪检查,以及时发现问题,以确保能够按期、保质的供货。

5. 采购信息要及时公开、共享

采购执行受控于建造计划,同时采购的执行情况又反过来影响建造计划的顺利执行。因此,采购过程与船舶建造进度环环相扣,相互间信息要及时公开、共享。生产计划和物资纳期的调整必须及时、有效的传递到采购部门,以便采购部门及时与供应商协调,调整供货时间和数量,同时,采购部门要及时公开采购业务的进展及变动情况,便于生产部门及早对建造日程计划进行调整。

四、采购业务流程及采购管理内容

现代造船模式对采购管理提出了更高的要求,传统的低效率、封闭式的采购管理模式无法适应新的造船模式,为了提高船厂的核心竞争力,实现设计、生产、管理、信息的一体化管理,必须将采购过程中在不同阶段的各种信息进行及时获取、整理并公开、共享,使整个采购过程都具有可控性,从而大大提高企业的生产效率和效益,确保船厂整体利益的最大化,进而提高船厂的核心竞争力。

1. 采购业务流程

采购业务流程图如图 4-1 所示。

(1)采购需求

需求数据来源于合同设计阶段的技术规格书,在技术规格书中主要设备的型号、数量、价格及厂家都已基本确定;材料预估清单在详细设计完成后形成,此时,材料的规格型号、需求数量、技术要求等都已形成;另外还包括生产设计阶段形成的物料清单以及设计变更形成的物料变更清单、现场施工过程中形成的缺料清单、结合库存管理需要对通用件、标准件的备货采购清单等。

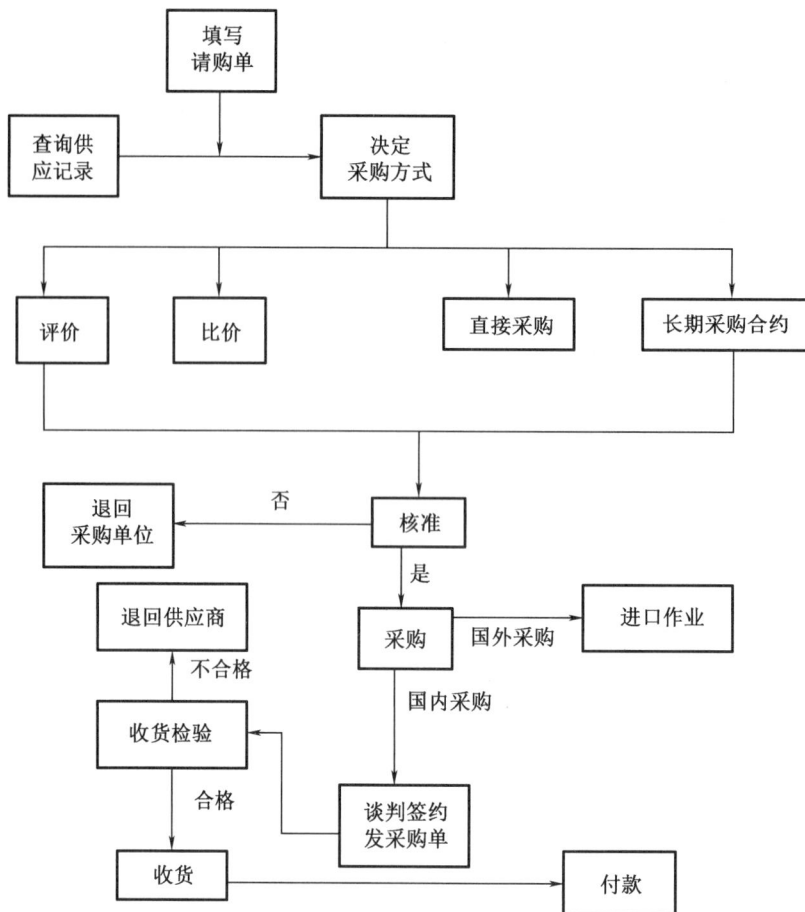

图 4-1 采购业务流程图

（2）采购计划

生产部门根据整体建造计划制定物料纳期计划；采购部门根据中日程计划的纳期计划综合考虑各种采购影响因素编制采购计划，并组织市场询价，采购部门根据供应商报价情况结合供应商资质形成评价表，进行供应商选择；船东和项目组对评价表进行审核确认，同意则进入采购商务谈判阶段，否则重新发布询价单，重新进行供应商选择。

（3）采购订货

供应商确定后采购部门组织进行商务谈判，对技术要求进行充分沟通，确保供应商全面了解技术要求，并确定对价格、质量、文档、供货时间等的详细要求，形成订货合同。

（4）采购监控

采购执行监控是采购管理的重要环节，采购人员将根据材料、设备的重要程度设定检查节点和检查项目，以保证供应商能够按时、按质完成生产任务，并将监控信息及时公开、共享，形成采购看板。供应商按照合同组织生产过程中，依据事前确定的检验计划对产品进行检验，主要产品在生产过程中，船厂将派检验人员参与相关检验，并详细记录检验结果和处理意见。

（5）到货检验

采购货物回厂后采购人员协同供应商、船东、船检、厂内质检部门进行质量检验；若检验过程发现问题，分析并及时协调解决；若检验通过则进入仓储管理；根据检验过程形成检验报告，详细记录各个环节和单据，确保所有执行活动可控、可查；随同货物的各类说明书、检验证书等文档资料必须查验，并归档保存。

（6）仓储管理

验收合格后仓库部门进行理货，并按照厂商或船东要求进行维护和保养；充分利用RFID等成套技术对货物进行标识；按照生产要求组织发货；详细记录仓储维护记录和过程信息，保证所有执行活动可控、可查。

（7）采购追溯

由于驱动物料采购整个过程的是技术设计所形成的采购清单中的物料唯一编码，因此，以物料唯一编码为关键字，以过程文档为主体，实现对整个材料设备采购全过程的监控和追溯。追溯过程的实现需要先进的信息系统作为支撑才能提高效率和准确度。

2. 采购管理内容

（1）采购需求管理采购需求是编制物料采购计划的依据，采购需求的来源主要由以下几个部分组成，如图4-2所示。

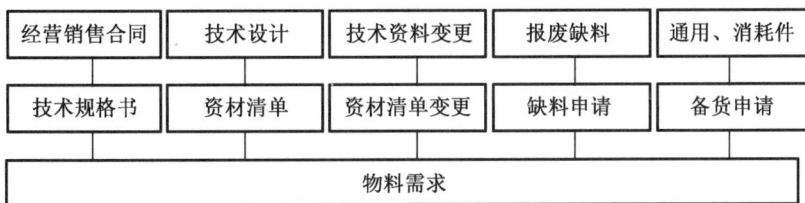

经营销售合同	技术设计	技术资料变更	报废缺料	通用、消耗件
技术规格书	资材清单	资材清单变更	缺料申请	备货申请
物料需求				

图4-2 物料需求

（2）采购计划管理

在现代造船模式下采购计划管理分为两个环节，一是生产部门根据建造日程计划的要求结合技术设计形成的物料清单，编制物料纳期计划，明确物料到厂时间。采购部门根据纳期计划要求，按照技术要求，综合考虑当前库存、采购周期等因素编制采购计划。

（3）合格供应商库维护

建立高效的选择机制选择恰当的供应商是船舶集成制造采购管理的关键环节，由于船舶建造企业供应商众多，且合作方式各异，因此建立科学合理的供应商选择机制，维护船厂合格供应商库，对于船舶建造企业在采购工作效率和采购成本控制方面都具有重要意义。

根据船厂供应商评价准则体系，通过各种渠道收集整理供应商各类相关信息，特别是供应商性质、资质、能力、产品范围、质量、服务、价格、美誉度等，对供应商进行评价，对评价优异的供应商维护到合格供应商库中，作为企业的一种资源进行共享。

（4）市场询价

市场询价是进行供应商选择的基本途径，也是进行采购成本控制的重要手段。市场询价的主要指标包括物料的价格、质量、供货周期以及售后服务等信息。市场询价根据实施阶段的不同分为两种类型,第一种类型是和船东签订经营合同前报价阶段的询价;第二种类型是和船东签订经营合同后采购阶段的询价。

（5）采购合同管理

采购合同是采购管理业务的里程碑节点,是保证船舶建造顺利进行的基础和依据,也是衡量采购业务完成情况的标准和依据。采购员根据市场询价结果和审批建议,经过商务谈判后与供应商签订采购合同。合同管理的主要内容包括合同信息的维护、合同执行情况的跟踪以及对合同变更的管理。

（6）入库管理

采购员根据采购合同编制物料到厂计划,通知检验部门组织物料到厂检验,通知仓储部门进行收料准备。采购物料到厂后,采购员协同库管员、质检员,对于重要设备和物资还要连同船东、船检等相关人员,共同进行到货检验。检验合格才能办理入库手续,检验不合格则进行退货或者由船东或者船级社同意后降级使用处理。

（7）采购看板

现代造船模式的基础是各个业务部门要做到信息的及时公开和共享。船厂的采购执行状况与建造日程息息相关,二者相辅相成,互相制约。采购管理部门有责任也有义务将采购业务状态及时公布。

采购部门需要根据所采购物料的重要程度设定不同的采购节点,根据业务执行状况及时进行节点信息的维护,并公开公布执行状况,便于部门间协调作业。采购节点一般可以设置为纳期下达、采购计划编制、采购任务下达、采购询价、商务谈判、合同签订、合同执行状态、物料到厂等,其中合同执行状态可以根据国内采购、国外采购以及是否为重要物料进行不同的设置。

【活动二】　物料需求计划表格编制

根据给定物料需求计划,编制物料需求计划表格。

1. 分为季、月、周计划建立生产计划表

计划表内应有生产单号码、品名、数量、生产日期等内容。

2. 计算标准用量

将生产计划表内各品名、使用物料分析表,按照该品名的材料的标准用料量进行备料。

$$标准用量 = (标准部门用料量 \times 计划生产量) \times (1 + 设定标准不良率)$$

3. 查库存数及调查该项材料,查出现有库存数及应发出还未发出的数量。

库存数-应发数≥标准需求,则核对订单,并记入物料分析表内。

库存数-应发数<标准需求,则其差数要提出申购。

4. 查订购方式

从材料目录表内查出此材料是存量管制的方式,还是按照订单的方式订购。

假如此材料属于按照"存量订购"则此材料按照存量订购的方式订购。

如果是按照订单订购材料,则进入下一步骤,并提出申购。

5. 材料采购

采购按照申购单内的材料内容、数量及所要求日期,向供应商提出订购单,并按照申购者的要求,排定进货时间及数量,以配合已定的生产计划时间。

6. 进料控制

采购人员及物料控制人员按照进料时间控制。

遇有迟延状况时最迟应于三天前通知生产主管,以方便变更生产计划。

7. 收料

仓库管理部门使用收料单收料。

8. 生产备料

仓库按照生产计划或备料单的日期,于领用前一天准备好所需的物料。

任务二　库存管理

【活动一】　知识准备

1. 贮存条件

贮存仓库分为两类:一类是露天仓库;另一类是室内仓库。规定未加工的钢板、热轧型材及带包装大件设备、材料,允许放在露天仓库;其他一律放入室内仓库,并分类别、分区域放置整齐。

2. 贮存环境

露天仓库环境要求地面不积水,堆放区域界限明确、整洁。对于电器或易损件的摆放,需对其外表进行遮盖。室内仓库要求通风、干燥、明亮、清洁、货架排列整齐。

3. 贮存品的堆放要求

入库的原材料、外购件、工艺外协件、半成品和产品等应摆放整齐,便于清点和搬运。大件设备的附件应有明显的标识从属于其主要设备,并和其他大件设备有明显界限,备品、备件应有明显标识,并单独放置,以防误领,需要上油的要按期上油。由供应科协调,运输工区协助,船舶工程部实施,将在搬运过程中易损坏、碰坏的设备表层配件,包括仪表、管路等拆下来,将管口封好,做好记录,等设备船装后再对号安装上去。

4. 贮存品的标识

贮存品应予以包括状态在内的明确标识,并按相关规定执行。

5. 贮存品的账、物、卡管理

贮存品应建立完整的账、物、卡管理制度,仓库保管员应对所有进出库产品进行库存台账登记,物资清点及物资库存卡变更。每季度应进行一次盘存,账、卡、物应一致,不一致的应做盈亏报表,然后进行调整;并填写《物资盘存表》。

6. 贮存品的定期检查

仓库保管员每月对贮存品进行定期检查,若发现腐蚀等质量问题应开具《仓库贮存物资报检单》,通过质量管理科复验,并做好库存物品的检验记录,如果检验不合格,则执行《不合格品控制程序》的规定。供应科每月一次不定期检查仓库管理工作,对检查中发现的问题要求仓库限期整改。

7. 超期物资的处理

仓库保管员定期检查贮存物品时,从物资存货卡上发现贮存超期时,应开具《仓库贮存物资报检单》,通知质量管理科复验。如果检验合格,则可凭报检单办理转期,转期一般为原规定存期的一半。转期物资需经必要的处理,包括清洗上油。如果检验不合格,则执行《不合格品控制程序》的规定。

8. 贮存品的出库控制

仓库保管员按《领料单》进行核准规格、数量、签字手续等。当正确无误时才准予贮存品的发放,所有发出的物品应要求领料人验证规格、型号和数量。有时效期限的贮存品发放应贯彻先进先出的原则。船舶制造过程也是物料的流通过程,生产资料——钢板流通合理与否对企业生产效率和生产成本高低具有重要影响,钢板堆场管理作为衔接企业外部供应商和企业生产物流的枢纽,承担了船舶建造所需钢板的进料、保管和供应职责,是保证物料顺畅流通和资源合理配置的关键环节。

【活动二】　物料入库出库表格的编制

根据给定库存物料,编制库存物料入库及出库表格,如表4-1、表4-2所示。

表4-1　成品入库单

单号:　　　　　　　　　　　　　　　　　　　　　　　　　日期:

订单号	成品编号	客户	成品名称	数量	包装	账页	备注

制单:　　　　　　　　　　生产主管:　　　　　　　　　　货仓:

表 4-2 成品出库单

单号：   日期：

订单号	客户	成品编号	成品名称	数量	包装	账页	备注

货仓：   PMC 主管：

【活动三】 某船厂仓库管理程序案例

一、目的

(1)使用适当的搬运方法,以保证原材料、半成品、成品在搬运过程中不受到损伤。

(2)规定产品的贮存控制程序,以防止产品在贮存过程中损坏、变质及误用。

(3)有效地控制产品包装和交付过程的管理工作,以保证产品包装质量和交付质量符合规定。

二、适用范围

适用于本公司与产品有关的原材料、半成品、成品。

三、职责

货仓组负责产品的搬运、贮存、防护和交付。品保部负责库存产品的损坏、变质的验证。生产部负责产品的包装。

1. 参考文件

《产品标识和可追溯性程序》《出货管制程序》。

2. 工作程序

(1)搬运

①车间员工及仓库搬运工在搬运产品时,不得因搬运不当而损坏产品。

②车间和货仓管理员要保证搬运所使用的运输工具符合要求,防止因运输工具的缺陷而损坏产品。

③使用搬运设备的部门负责对搬运设备的维护和保养,保证不因为设备失修而在搬运过程损坏产品和发生安全事故。

④车间和货仓管理员负责保证车间、货仓内的通道畅通无阻,防止在搬运过程中发生碰撞而损坏产品。

⑤原材料、在制品和成品在搬运后应检查标识是否失落,如有失落通知品检员确认补办。

(2)贮存和防护

①原物料到厂后,由货仓管理员先交物控员并在送货单上签名确认来料,货仓管理员按单所载的数量点货验收,并注意来料包装的完整性,货仓管理员根据每天的来料填写进料清单,送交PMC(生产及物料控制)部。

②原材料经货仓点收后,把送货单交物控员,并开IQC(来料质量控制)检验报表交品保部IQC,经品保部IQC确认后方可入库由货仓管理员办理货物入库手续,不合格品由品保部交PMC部,PMC部采购员通知原材料供应商退货,由PMC部采购员开具退料单,发还供应商原货,发货人和收货人在单上签字,如遇上紧急物料,由IQC通知品保部、PMC部,经品保部主管和PMC部主管确认后方可特采入库。

③库存品定期评估的不合格品按《报废流程规定》处理。

(3)原材料的发放

①生产车间需要用的原材料时,由所在部门开领料单,由生产部主管确认后,交物控员确认,货仓凭物控员确认的领料单发货,发货人和收货人均需在领料单上签名确认,并注明发货日期。

②生产用的原材料发放,按先进先发,后进后发的顺序进行。

③生产车间领取原材料,在生产中发现不良品,要退回货仓时,由部门填写退库单,经车间主管确认后,交品保部与物控员确认,品检员将合格标签改成不合格标签,由采购员负责办理退料手续和通知供应商,并用退料单通知货仓发货。

(4)成品入库

①成品入库应由生产车间签发成品入库单,由生产部主管确认,品检部在包装箱上贴上或盖上品检合格标识或加上品检报告后,货仓管理员再凭入库单点数入库。

②成品的包装由生产车间负责,货仓在点数入库时,应仔细检查包装的完整性,不符合要求的应拒绝入库。

(5)成品的发放

①出货前一天由PMC跟单员发出货通知单,由PMC主管审批后,交品保部、货仓组、生产部做好出货准备安排。

②由跟单员开出送货单,交货仓员凭送货单或出货通知单,开出成品出库单,发货。

(6)货仓物料的防护

①货仓保管的物料、均应分类堆放,不得混放,每件物品均要有明显标志,注明合格品、不良品等状态,未检验品以标牌标志表示待验状态。

②物料的保管要落实责任,要做到实物与账目相符,手续齐备,凭证齐全。

③如发现产品有任何损坏时,应立即向部门主管提出。

（7）包装

①生产部按照生产命令要求和作业批示书组织包装。

②包装前应检查所包装产品是否有合格标识。

③逐件检查产品及包装物的外观质量,确认无误后,按要求进行包装。

④对不合格品有权拒绝包装。

⑤品检员要检查包装质量。

（8）交付

交付方式按《出货管制程序》执行。

（9）盘点

货仓管理员负责每月的盘点工作,以核实货账相符,并同时检视各原材料、半成品及成品品质状态,如发现有问题,立即向 PMC 部主管报告、盘点记录于盘点表,表须交 PMC 主管审核,由物控员提交财务部。

相关表格,见表4-3 至表4-6。

表4-3　进料清单

单号：　　　　　　　　　　　　　　　　　　　　　日期：

项目	供应商	物料编号	货品	数量	账页	备注

·联货仓：　　　　　　　　　　二联采购：　　　　　　　　　三联 PMC 部：

货仓：　　　　　　　　　　　　物控员：　　　　　　　　　　PMC 主管：

表4-4　成品入库单

单号：　　　　　　　　　　　　　　　　　　　　　日期：

订单号	成品编号	客户	成品名称	数量	包装	账页	备注

制单：　　　　　　　　　　　生产主管：　　　　　　　　　　　　货仓：

表 4-5 出货通知单

日期：

客户	订单号	规格名称	数量	包装形式	出货日期	备注

一式五份：一份 PMC 部；一份品保部；一份货仓；一份营业部；一份生产部。

制表：   审核：

表 4-6 成品出库单

单号：   日期：

订单号	客户	成品编号	成品名称	数量	包装	账页	备注

货仓：   PMC 主管：

任务三　托盘集配管理

【活动一】　知识准备

现代造船模式要求船厂生产部门能够将与生产直接相关的物资和生产资源进行集中管理，把作业任务、作业进度、材料清单、设计图纸、生产场地和设备作业人员等综合起来进行管理，充分满足有节拍的均衡连续造船。托盘管理就是为了控制生产、方便作业的一种生产组织模式，标准化的托盘管理可以大大提高企业的标准化水平和生产效率。

一、托盘管理的概念

1. 托盘及托盘管理的定义

在造船企业中托盘包括两层含义：一是生产设计时编制的托盘管理表及相应的生产管理用表的最小单位，是现场生产作业的最小单位，也就是内场制造、舾装品的采购、集配中心的集配和外场安装的最小单位；二是舾装作业物资集配的载体，作为舾装托盘载体，既有托盘管理表，又有由钢结构组成的托盘实体，它可以根据实际需要制成各种形式。

托盘管理就是以托盘为单位进行生产设计、生产组织、物资采集和工程管理,以及核算生产成本的一种生产管理方法,现场施工必须做到一只托盘内的舾装件的安装工作由一个小组在同一地点、使用一张图纸、在同一安装阶段内进行。

2. 托盘管理对象定义

托盘是舾装的基本单元,也是内场制造、舾装件采购、集配区集配和外场安装的最小单元。生产设计提供舾装所需的全部托盘清单,以托盘为单元组织舾装有序进行,通过劳动力资源与能源的有效使用,借助于管理信息,将各类输入物资转化输出为各阶段中间产品。

其中托盘对象是进入托盘进行集配的舾装品,其余不适宜集配的舾装品称为非对象品,非对象品包括大型设备、安装用材料、小零件与易损的设备仪表等,其余则一般都可进入托盘集配。

托盘既是造船生产基本作业单位,也是集配生产物资的单位,具有安装配套功能,托盘划分应与物资采购计划、生产日程计划相一致,区域舾装基本作业任务的生产管理完全依据托盘提供的信息进行,分别采用实托盘与虚托盘组织生产,按区域/阶段/类型进行,定生产场地、施工时间、作业人员、生产任务等。

二、托盘管理业务流程

托盘管理涉及船厂内各个部门及众多的舾装件配套工作。对船厂内部来说,主要涉及的部门是生产管理部门、设计部门、采购部门、集配中心等。首先,船厂生产管理部门在编制建造方针和施工要领时要确定每条新建船舶的区域划分、托盘划分、单元划分、船体分段划分和总组的范围、方法等;其次,设计部门根据由厂领导批准确定的建造方针进行生产设计,主要是编制采购、生产、管理所需的托盘管理表和各种施工图纸;集配中心要负责整个舾装品的计划管理、内外场安装工作的协调、舾装件的集配及托盘的收发等工作,托盘管理流程如图 4-3 所示。

【活动二】　托盘集配组织模式

以托盘管理表为对象,依据生产日程计划的安排,制定托盘集配月度计划、作业计划,根据托盘集配计划及托盘零件清单,制定各种零部件、舾装件的生产、采购计划,同时,根据零部件、舾装件加工进度以及采购进度情况的及时反馈对生产作业计划进行相应调整,形成计划与反馈的完整闭环,实现建造计划与托盘集配的协同作业,确保生产、物流节奏均衡、连续,托盘集配流程如图 4-4 所示。

```
生产管理部门 ──→ 建造方针 ──→ 施工要领 ──┬──→ 区域划分、分段划分、总组要领
                                        ├──→ 托盘划分、托盘对象品及纳期
                                        ├──→ 托盘管理范围
                                        └──→ 单元划分、生产设计要点

设计部门 ──┬──→ 综合布置图
           ├──→ 管子零件图
           ├──→ 编制托盘管理表 ──┬──→ 管子零件明细表
           │                     ├──→ 管子支架制造明细表
           │                     ├──→ 阀件、附件托盘管理表
           │                     ├──→ 设备明细表
           │                     └──→ 托盘管理表汇总表
           ├──→ 支架图、复版图
           └──→ 开孔图、安装图

内场制造 ──┬──→ 管子内场加工制造
(含采购)   ├──→ 管附件(自制件)加工制造
           └──→ 外协件生产布置、外购件进行采购

集配中心 ──┬──→ 舾装件的集配(管子、自制件、外协件、外购件)
           ├──→ 大型铸钢件生产计划编制及生产布置
           └──→ 托盘的管理(托盘的纳期管理及运送回收)

外场安装 ──→ 按托盘进行安装(单元、分段、总段、船内安装等)
```

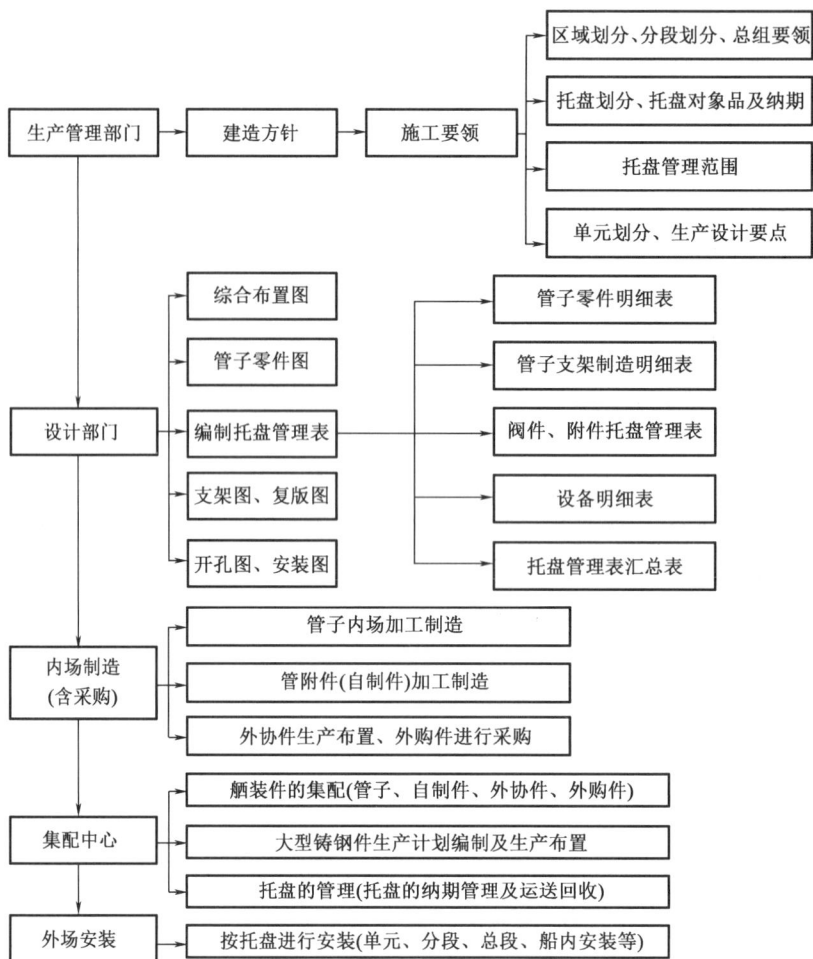

图 4-3　托盘管理流程

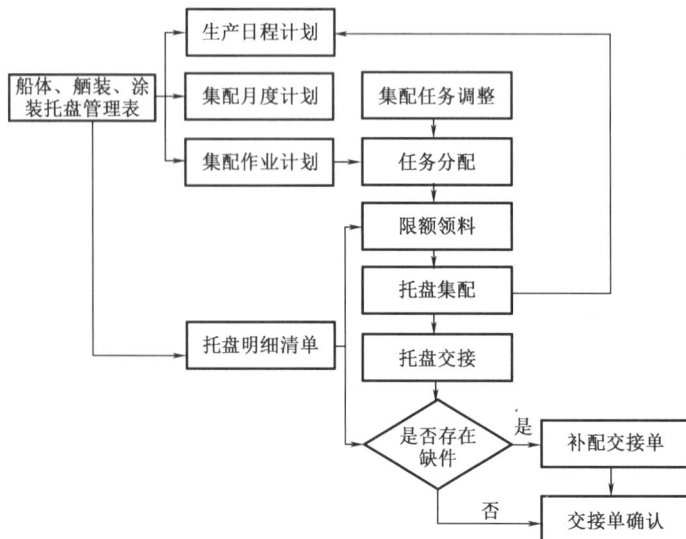

```
船体、舾装、涂 ──┬──→ 生产日程计划 ←───────────────┐
装托盘管理表     ├──→ 集配月度计划    集配任务调整    │
                 ├──→ 集配作业计划 ──→ 任务分配       │
                 │                     限额领料        │
                 │                     托盘集配 ───────┘
                 └──→ 托盘明细清单 ──→ 托盘交接
                                       是否存在缺件 ─是─→ 补配交接单
                                              │否
                                              └───────→ 交接单确认
```

图 4-4　托盘集配流程

【课后习题】

一、判断题

1. 传统采购模式存在企业间和企业内部信息共享难的问题。 （　　）

2. 传统采购模式存在合作关系不稳定的问题。 （　　）

3. 传统采购模式不存在库存量大，库存成本高的问题。 （　　）

4. 在现代造船模式下，采购管理须满足"与供应商建立长期合作伙伴关系"的要求。
（　　）

5. 在现代造船模式下，采购管理须满足"采购计划的编制要科学、合理"的要求。
（　　）

6. 在现代造船模式下，采购管理须满足"依据材料类别设置不同采购策略"的要求。
（　　）

7. 在现代造船模式下，采购管理须满足"采购信息要及时公开、共享的"要求。 （　　）

8. 在现代造船模式下，采购管理须满足"采购过程监控要全面、深入"的要求。 （　　）

9. 采购需求的需求数据来源于合同设计阶段产生的技术规格书、材料预估清单、物料
清单。 （　　）

10. 生产部门根据整体建造计划制定物料纳期计划；采购部门根据中日程计划的纳期
计划综合考虑各种采购影响因素编制采购计划，并进行依照计划进行采购实施。 （　　）

11. 验收合格后仓库部门进行理货，并按照厂商或船东要求进行维护和保养；详细记录
仓储维护记录和过程信息，保证所有执行活动可控、可查。 （　　）

12. 采购货物回厂就不需要质量检验了。 （　　）

13. 加工的钢板、热轧型材及带包装大件设备、材料，允许放在露天仓库。 （　　）

14. 散装的电气开关应该存在室内仓库里。 （　　）

15. 露天仓库环境要求地面不积水，堆放区域界限明确、整洁。 （　　）

16. 仓库保管员定期检查贮存物品时，从物资存货卡上发现贮存超期时，按照程序进行
处理。 （　　）

17. 托盘既是造船生产基本作业单位，也是集配生产物资的单位。 （　　）

18. 托盘管理涉及船厂内各个部门及众多的舾装件配套工作。 （　　）

19. 入库的原材料、外购件、工艺外协件、半成品和产品等应摆放整齐，便于清点和
搬运。 （　　）

20. 仓库保管员每月对贮存品进行定期检查，若发现腐蚀等质量问题直接报废。
（　　）

21. 托盘管理不是生产设计时编制的托盘管理表及相应的生产管理用表的最小单位。
（　　）

二、单选题

1. 托盘集配组织依据_____，制订托盘集配月度计划、作业计划。

A.生产日程计划的安排

B.托盘集配计划及托盘零件清单

C.零部件、舾装件加工进度

2.托盘集配组织根据_____，制订各种零部件、舾装件的生产、采购计划。

A.生产日程计划的安排

B.托盘集配计划及托盘零件清单

C.零部件、舾装件加工进度

3.托盘集配组织根据_____以及采购进度情况的及时反馈对生产作业计划进行相应调整。

A.生产日程计划的安排

B.托盘集配计划及托盘零件清单

C.零部件、舾装件加工进度

项目5　造船工程管理信息系统

【项目描述】

研究并构建现代造船管理信息系统是提高我国造船企业管理水平的重要支撑,对改善船舶制造质量、提高船企的市场竞争力有着非常重要的现实意义,也是推动和促进我国成为世界第一造船大国、强国的重要手段。通过系统的应用将船舶设计、生产、管理信息有效地集成,形成人、财、物、信息的有机结合。

【船舶发展】

中国船舶业未来将向三个方向转型,一是产业结构向高技术含量、高附加值产品转型;二是向数字化、智能制造方向转型,提高效率、降低用工成本;三是向绿色制造方面转型,制造过程和产品都要实现绿色低碳。

一、向高附加值产品升级

始建于1898年的大船集团是我国舰船总装建造及维修保障的主要基地,被誉为中国"海军舰艇的摇篮"。近两年大船集团也已开始从油轮建造转向集装箱船建造的过渡阶段,在传统动力的基础上向高技术附加值的双燃料船舶转型,目前LNG动力船已非常普遍。大船集团持续开发节能环保型"绿色船舶",在风帆助推和LNG双燃料等绿色环保新技术船舶应用领域一直走在国际前列。

二、由"制造"向"智造"转变

加速数字化转型、实现智能制造是近几年来船厂、船舶配套设备企业的发展方向。由"制造"向"智造"转变升级的过程中,需要智能制造、先进焊接、工艺改进、信息化、标准化等多项技术支撑。通过开展智能制造关键技术,打通全流程数字化制造链路。

三、绿色低碳是发展方向

在船用LNG供气系统(FGSS)领域,部分核心技术过去一直被少数国外厂家垄断。目前国内厂家陆续攻克系统原理设计、LNG储罐设计、低温管路分析、系统模拟仿真验证等多项核心技术,研发了具有完全自主知识产权的LNG供气系统。

绿色低碳、节能减排是船舶航运业发展的大趋势。在可供选择的新动力方面,甲醇、氨燃料受到热捧。醇类燃料(甲醇和乙醇)由于来源丰富,作为发动机燃料的使用性能与汽油接近,因而成为最有前途的发动机替代燃料。氨是除氢以外最宜生产的可再生燃料,具有极其重要的战略资源价值。

目前船舶氢燃料的应用还存在一些瓶颈,在欧洲部分国家,一些已经在投入运营的氢

❖ 燃料在船舶实际运用中还属于示范项目,尚未在产业链上形成闭环,在运输储存以及船舶应用上,还存在一些技术难题。但从船舶的未来发展和世界碳减排角度来看,氢燃料在将来一定是重要的发展方向。

任务一　计算机辅助造船工程管理

【活动一】　知识准备

一、国内外典型的软件系统介绍

随着计算机的普及,造船软件的不断开发应用,造船企业正发生着重大的变革,如建造成本降低、造船周期缩短、船舶产品质量提高等。

目前国内外典型的生产管理软件有 CMS、大宇信息系统 BES/MARINE、HANA-Pro CIMS、MARS、AVEVA 等,这些软件已经在船厂得到实际应用。

1. CMS

内容管理系统(content management system,CMS)是一种组织、管理和运行现代制造类企业的理念,它将传统的制造技术与信息技术、管理技术、自动化技术、系统工程技术等有机结合,使企业产品全生命周期各阶段活动中有关的人/组织、经营管理和技术三要素及其信息流、物流和价值流三者有机集成并优化运行,以达到产品上市快(T)、高质(Q)、低耗(C)、服务好(S)、环境清洁(E),进而提高企业的柔性、健壮性、敏捷性,使企业赢得市场竞争优势。

2. 大宇信息系统 BES/MARINE

大宇信息系统 BES/MARINE 的软件功能模块有生产管理、生产计划、设计、人事、财务、成本、质量、设备、物资。

BES/MARINE 基于 Intemet 和 J2EE,开放性较好;功能模块较完整;可以提供相关造船流程变革咨询;设计、物资、计划连接紧密;以合拢工程为中心的先行/后行优化计划系统,符合即时生产要求;大、中、小日程计划完备。

3. HANA-Pro CIMS

HANA-Pro CIMS 主要应用领域:造船行业的工程、设计、管理一揽子解决方案。在船舶行业主要应用客户有上海外高桥造船。软件功能模块有公共信息、生产管理、设计管理、物资管理、物流管理、质量管理、自动设计系统、销售管理系统、车辆管理、分段管理移动、预算和成本管理、问题估算/解决、决策支持、设备维护。

HANA-Pro CIMS 针对造船流程,专业性强;已实际应用,有案例可寻;造船流程覆盖全面,各模块之间衔接紧密;是借助信息系统梳理和推进造船模式转变的较好工具。

软件中所包含的先进管理思想丰富。但各模块对基础数据的依赖性强,对基础数据要求严格;对业务流程的精细度、准确度和规范性要求高,需要企业做全方位、大范围、高强度的业务流程、组织变革;需要有咨询人员强有力的介入及辅助流程重组,对实施队伍的流程变革推进能力要求高,在咨询方面投入巨大。

4. MARS

MARS 的开发商是 Logimatic,成立于 1987 年,主要针对船厂、船东、海事局提供信息技术服务,是船舶市场领先的 ERP 方案提供商。应用领域主要针对船厂、船东、海事局等,为其提供信息技术服务,也延伸到其他重工业领域。MARS 目前已应用于商船、海军及修船厂,船型包括超大型油轮(VLCC)、集装箱船、游轮、液化天然气(LNG)船、汽车滚装船、特种船、海军舰船等。软件功能模块主要为物资与物流、生产现场管理、生产计划、报价、采购、质量控制、项目预算和成本。MARS 针对造船流程,船厂用户较多,业务专业;模块专注于物资、计划、生产管理;功能明确简单,对企业流程的调整幅度与范围较小;支持 TRIBON、FO-RAN、AUTOCAD 等 CAD 系统;模块可塑性较好,支持信息量由小到大增加;允许任务分段和任务包的灵活定义。

5. AVEVA

AVEVA 集团作为目前全球最大、发展速度最快的工厂工程信息技术企业之一,1967 年由英国剑桥大学的创新技术专家创立,成为工厂及造船工程软件领域的全球领袖。AVEVA Marine 结合了两项最佳的解决方案,即行业通用的 Tribon 及 AVEVA 独特的以对象为中心的技术和设备设计应用软件,形成了最终的船舶设计和生产工具组合。AVEVA Marine 支持从概念生产、设计、生产、船舶维护、改造翻新到退役的整个生命周期的所有阶段。AVEVA Marine 是一套完整的设计和生产应用程序,并与开放和可变的生命周期管理解决方案相集成。它支持超大型、复杂性船舶及海洋平台的设计与生产,并为客户提供快速、高效、无风险的设计、建造运作方式。

二、计算机辅助造船工程管理软件的应用

为了提高造船生产能力和生产效率,缩短设计建造周期,提高资源利用率,进一步降低生产成本,关键是要提高设计和生产的管理水平,采用现代企业管理思想,借用信息技术手段,开发和实施企业资源计划(ERP)系统。用科学的方法去合理安排设计计划、物料需求计划、生产计划、采购计划、劳动力计划、资金流动计划等,以计划为主线组织设计、生产活动,实现有节奏地均衡生产。国内有些企业虽然开发了一些用于局部管理的系统,但由于管理思想的滞后和各系统间的集成度低,使得信息化的整体效益没有得到充分体现。因此,借鉴国外先进造船国家的管理经验,开发、实施造船设计和生产的管理信息系统,提升造船管理水平,是迫切需要解决的问题。在此主要介绍 CIMS 系统在船厂中的应用。

CIMS 是一种基于 CIM(计算机集成制造)理念构成的信息化系统。不同时期、不同企业的 CIMS 系统的集成范围不尽相同。随着信息技术的发展和应用方式的改进,CIMS 系统的集成范围与内涵也在不断发展。

经过对德、日、韩等国 CIMS 系统的研究,目前典型的现代造船 CIMS 系统可以归纳为:以"规范管理、标准设计、信息集成共享"为标志,运用信息技术,以生产计划和成本控制为

主线,通过"统一管理标准,统一管理流程,统一数据处理,统一资源平衡",将造船过程中所需的人、财、物、设计及制造等信息融于一个软件系统中,把静态、孤立的信息资源变为可共享的信息资源。通过迅速有效地反馈有关信息,加强协同作业,合理安排人力、财力、物力资源,缩短造船周期,提高产品质量,降低造船成本。CIMS 已在外高桥得到应用。

实施 CIMS 有八方面工作:业务流程、组织结构、岗位固化、作业标准、人力资源、数据准备、软件系统和全员培训。其中任何一项没做好,都会影响实施效果。除软件系统外,其他七方面工作都需要从企业实际出发,根据 CIMS 要求来创造性地开展相关工作。

到 20 世纪 90 年代中期,日本大型船厂 CIMS 技术已实用化,在 CIMS 技术使用后,节省人工 50%,缩短工期 20%,1998 年开始向中型船厂推广。而韩国也于 1997 年在大型造船厂采用了 CIMS 技术,到 1999 年,韩国的中型船厂也基本应用了 CIMS 技术。他们的重点主要放在车间层设备的信息集成上,在技术方面,特别强调"高度自动化",使制造车间成为"无人化工厂"。

计算机技术的发展使得现代企业中计算机技术资源在企业生产经营所需的所有资源中占有的比例越来越大,起着不可替代的作用,目前,随着我国船舶工业的发展,SCIMS 的实施将会使造船这个劳动密集型产业朝着知识密集型转变,使我国的造船工业迈上一个新台阶。

【活动二】　计算机辅助材料利用分析

焊材管理精细化研究

一、原焊材管理现状

最初,人们对焊材的管理模式一直比较粗放,从焊材设计软件研发引进、管理制度修订及完善、现场监管及考核、人员配置及设计能力提升等方面一直重视不够,长期以来采取按老师傅传承下来的经验值进行焊材定额手工核算,效率低且与现场匹配度不高,下发的定额数据不便于生产部门进行内部管控,从而导致已交工的大多数产品焊材用量屡屡超出焊材目标成本指标,并且这种现象一直在持续,给公司成本管理造成巨大压力。

二、焊材管理精细化的几次探索

为改变粗放式的焊材管理现状,提高焊材在生产过程中的物资利用率,降低焊材物耗成本,使焊材管理工作规范化、标准化、制度化,船研所对焊材管理精细化进行了深入的研究,下面就几次尝试做从简单介绍。

1. 自主开发焊接软件测试

自主开发焊接软件,以 Tribon 模型数据库为基础,提取设计人员输入的各种焊接信息(如组立阶段,焊接形式、米数、位置、理论熔敷量等)作为焊材定额设计物量信息。经过焊材核算人员提取设计物量与手工核算物量的对比分析,程序存在如下问题:自行研发程序从 Tribon 模型中提取焊接米数准确,多数焊接形式代码准确,但深熔焊、全焊透、间断焊、留焊区的焊接长度无法准确提出,只能手工统计解决,曲形焊缝数据不够准确,需手工后续完善,不满足精细化核算要求。

2. 引进单机版 SmartWeld 软件试用

引进了单机试用版 SmartWeld 软件,在某两型船部分分段焊材定额设计中进行试用。SmartWeld 是一款基于 TRIBON 3D 模型计算焊接信息的软件,该软件能自动生成焊缝模型,并支持自动计算组立阶段、焊缝长度、焊脚尺寸及焊接姿态等信息。3D 模型查询人性化,各零部件信息及焊接信息以列表形式显示,方便进行查询及阅览,并且 SmartWeld 支持编辑各种焊接信息,进行物量计算,生成焊接操作指导图。在近期试用期间,虽然有些模型提取的小问题,但其在焊材物量统计效率、精准度方面的表现得到了试用者的认可,同时也具备编辑焊接信息及生成焊接物量图纸的功能

3. 总结经验,形成固化的焊材定额设计模式

焊材精细化研究,在软件研发和引进两条路进行的同时,也一直在优化手工精细化核算焊材定额的方法。在软件研发和引进两条路都走不通时,加快推进了优化手工精细化核算焊材定额方法的研究,目前已形成了一套固化的焊材定额设计模式,从焊材管理制度的建立、《船体焊接材料定额标准系数表》的制定、焊材核算模板的统一等各个环节,已实现焊材用量基准自动识别、自动选取、各阶段焊材用量自动统计,对比以往的手工核算方法,效率至少提高 30%,到达了缩短设计周期的目的,实现了操作精简、用时最少而又能快速完成设计任务的目标。

三、目前已形成的焊材管理精细化模式

1. 管理制度的建立

为实现船舶建造船体焊材定额、订货及发放有序进行,推进管理规范化、标准化,降低建造成本编制的《船舶建造船体焊接材料管理程序(试行)》,填补了焊材管理制度的空白,目前正在试运行中,运行良好。

2.《船体焊接材料定额标准系数表》的制定

依据不同船型的焊接工艺文件对坡口角度、钝边、根部间隙、坡口深度、焊缝断面积、焊缝增强系数、熔敷金属密度、熔敷效率系数等参数的要求不同,针对现有设备、生产现状,船研所组织相关部门在生产现场开展了焊材基准用量试验测定工作,与工艺、作业人员交流,掌握各工位、各种焊接形式的焊材实际用量,并依据现场可达到的最佳配置,对焊接形式、坡口角度、钝边、根部间隙、坡口深度、焊缝断面积、焊缝增强系数、熔敷金属密度、熔敷效率系数等参数进行了优化,编制了适用于单船的焊材用量基准表,用于指导焊材定额设计。同时组织相关单位评审并通过了《不同船型相关系数表》,目前已应用在后续船设计中。

3. 焊材核算模板的统一,提高设计者效率

统一焊材核算模板,采用 TRIBON 建模焊接代码信息,依托 EXCEL 强大的函数功能,优化了焊材核算数据的后期处理工作,实现了焊材用量基准自动识别、自动选取、自动核算分阶段焊材用量、自动统计分阶段焊材用量的自动化操作,节省了大量的校对、复查工作时间,对比以往的手工核算方法,效率至少提高 30%,到达了缩短设

计周期的目的,实现了操作精简、用时最少而又能快速完成设计任务的目标。

4. 输出焊材用量的精细化

目前输出的焊材用量涵盖小组立、中组立、大组立、总组、搭载等各阶段,并按不同焊材牌号分类核算下发焊材用量,同时依据系数表为生产部门提供了单项目的理论控制量、工艺精度控制量及工装安装控制量,将焊材定额精细化工作向前迈了一大步,也为生产部门的内控提供了详细的数据支撑。

任务二 造船工程管理信息系统

【活动一】 知识准备

一、造船精度管理

1. 精益造船精度管理定义

用数理统计方法,对造船生产过程中的加工误差和焊接热变形的尺寸进行监督、控制和改进,用补偿量(margin)代替加工余量(excess),减少造船加工、装配和焊接当中的无效劳动,从而改善造船生产设计、造船计划和造船工艺的水平,提高造船生产效率。

2. 精益造船的重要特征

(1)用数理统计方法,通过对造船生产过程中的加工精度管理和焊接热变形的误差控制,用补偿量代替余量的办法,减少造船加工、装配和焊接当中的无效劳动。

(2)精度造船使精益造船的内容更加丰富,极大地减少了造船生产过程的浪费。

3. 精度造船公差标准

(1)最终船舶尺寸的公差标准,规范和合同规定的标准,必须满足。

(2)生产过程中的公差标准,要求各道工序的累积误差能够满足最终船舶尺寸的公差标准。在满足最终船舶尺寸公差的前提下,生产过程中的公差标准水平要考虑如何提高生产效率和降低生产成本。

船体制造过程累积误差如图5-1所示。

4. 精度管理好处

(1)减少无效劳动

不实行造船精度管理,分段在装配焊接过程中会产生热变形、产生大量的间隙或错位,需要花费大量时间去修补。同时,对留有余量的结构部分还需要进行切割。这些工作大大延缓了工程进度,使生产周期得不到保证。通过造船精度管理,可以提高分段的制作精度,减少不必要的作业时间,提高作业效率。

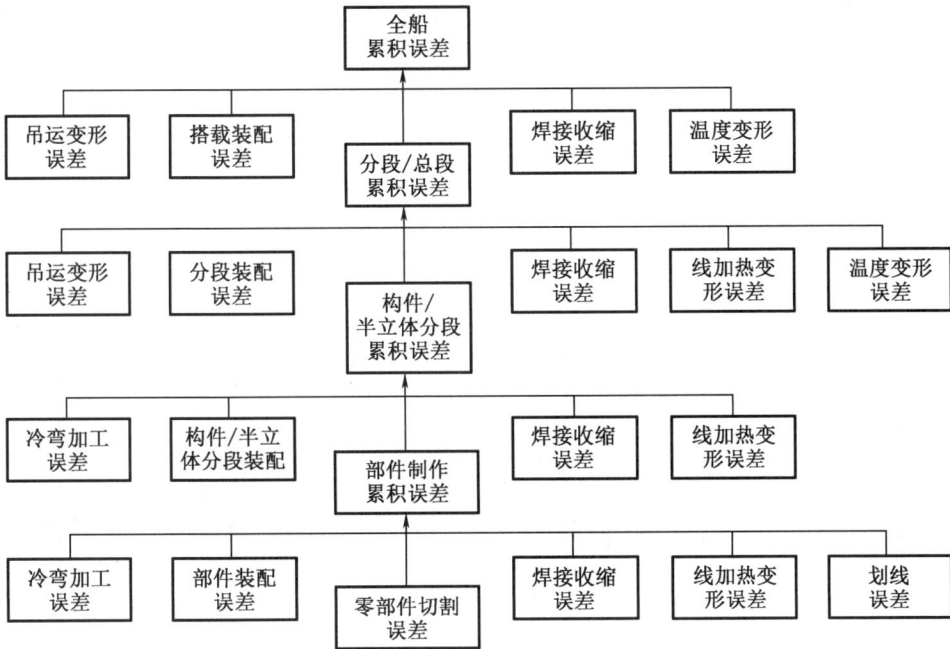

图 5-1　船体制造过程累积误差

（2）降低作业难度

造船精度较差的船体装配，一般都需要水平较高的有经验的高级技工来进行安装调整和定位。实施精度造船后，各种部材、结构件和分段的尺寸精度提高了，船体装配成为简单的要素作业，大大降低了工人的熟练化程度，从而减少了作业时间，缩短了生产周期。

（3）有利于高效焊接

造船尺寸精度的提高，有利于高效焊接设备的使用。船体焊缝精度的控制与提高，使得高效焊接设备的使用成为可能。高效焊接设备的使用提高了生产效率，反过来，又提高和稳定了焊接精度和质量。

（4）提高产品质量

实现造船精度管理后，船体的装配精度得到了明显的改进，各种间隙、余量和错位大大减少，船体结构内的应力分布趋于均匀，船体强度得到了强有力的保证。

二、工程计划与控制系统

现代船舶建造管理信息系统是实现船舶现代化制造的重要技术支撑，是提高企业管理水平的最佳途径。计划是现代船舶建造管理系统的灵魂，计划执行过程控制是系统的核心。计划的有效性建立在对资源负荷平衡的基础上，计划执行过程的控制建立在对建造过程执行数据的收集与统计分析上。现代船舶建造管理系统主要由计划管理、执行反馈、统计分析和资源管理四大模块构成。工程计划与控制系统功能结构图如图 5-2 所示。

三、船舶采购管理系统

根据现代造船模式对采购管理的要求，结合采购业务过程将采购管理分为需求管理、计划管理、询价管理、合同管理、入库管理以及供应商管理六大模块。采购管理系统功能结构图如图5-3所示。

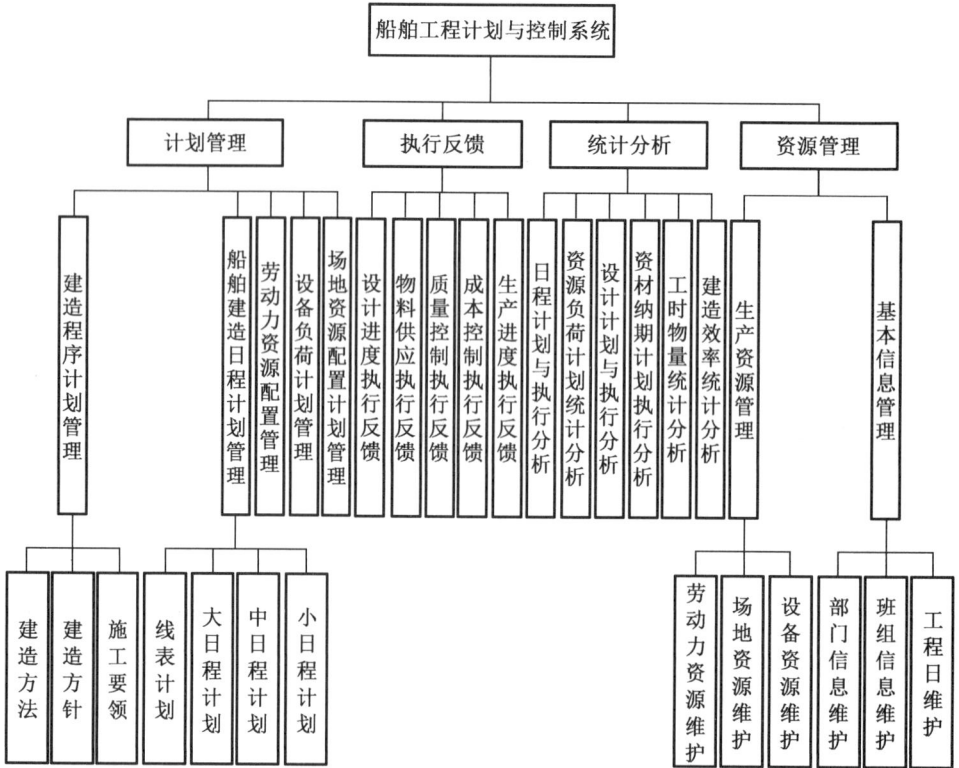

图5-2　工程计划与控制系统功能结构图

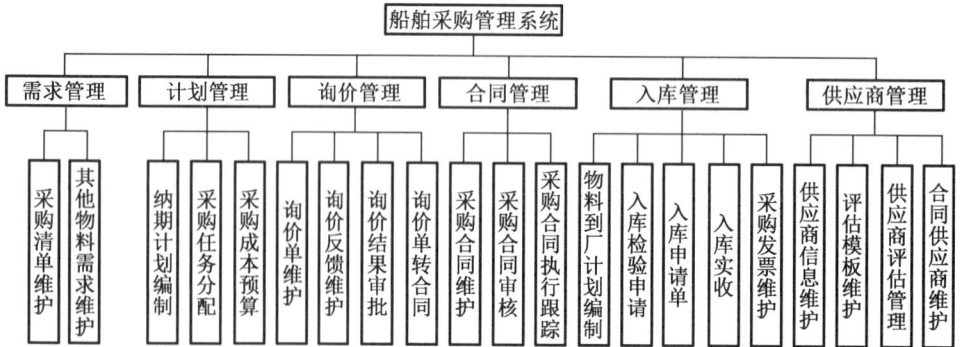

图5-3　采购管理系统功能结构图

四、托盘集配管理系统

托盘管理(图5-4)就是为使造船舾装合理化,把舾装对象与施工现场、施工方法和生产管理一一相互对应起来的方法。它把每个阶段和每个场所,划分为一个个作业小单位。这些作业小单位以一张工作图为施工依据,在同一个场所内把物量、日程,使用的工具设备、作业者有机地联系在一起,分别一一相对应,并按顺序完成一个个作业小单位。

托盘集配管理是为了提高造船企业生产效率,满足按节拍均衡连续造船的目标,对与生产直接相关的物资和生产资源进行集中管理。按照托盘集配业务过程将托盘集配管理分为计划和集配两个环节。托盘集配管理系统功能结构图如图 5-5 所示。

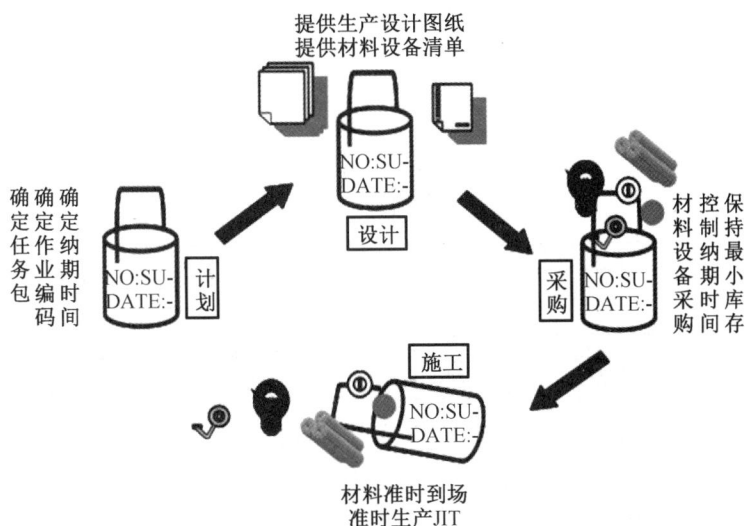

图 5-4　托盘管理

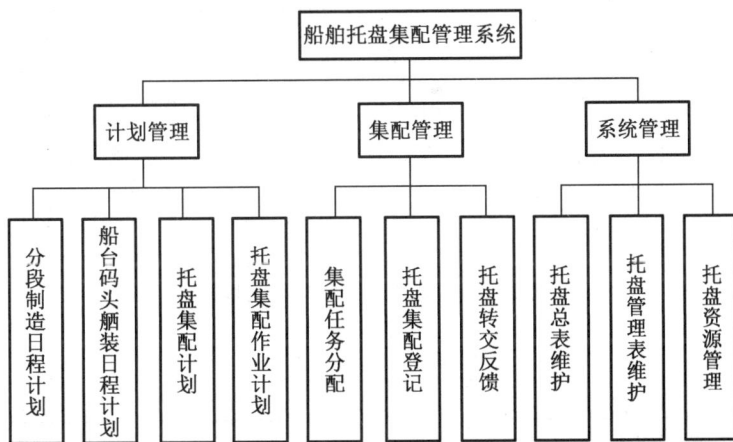

图 5-5　托盘集配管理系统功能结构图

五、成本管理系统

成本管理是贯穿船舶建造全过程的全员、全方位的管理,其管理过程涉及产品报价、目标成本体系的确定、目标成本的制定、目标成本的分解及下达、目标成本的过程控制(设计阶段目标成本的控制、采购阶段目标成本的控制、制造过程目标成本的控制)、实际成本核算、成本分析及追溯等。成本管理系统功能结构图如图 5-6 所示。

六、造船综合展示系统

造船综合展示平台支持对现代化造船过程中各类生产信息进行挖掘和分析,系统以在线浏览的方式面向企业管理层综合反映企业生产运营状况,为企业经营目标的制定和生产决策提供依据。综合展示平台主要分为两个部分:单船建造信息展示和企业综合建造信息展示,这是基于单船和年度两个维度进行划分的。其中单船展示平台主要向管理层展示目前船厂在建船舶的建造状态,主要从设计出图、物料纳期、生产进度三个方面进行反映。年度展示平台主要基于年度生产计划展示年度生产指标完成情况。造船综合展示系统功能结构图如图5-7所示。

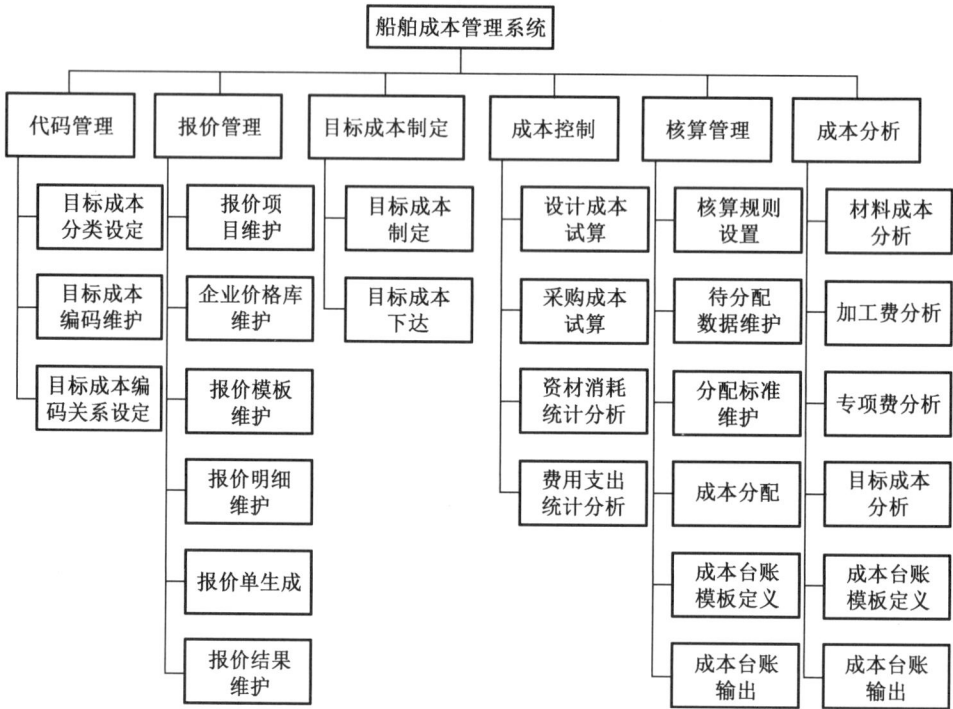

图5-6　成本管理系统功能结构图

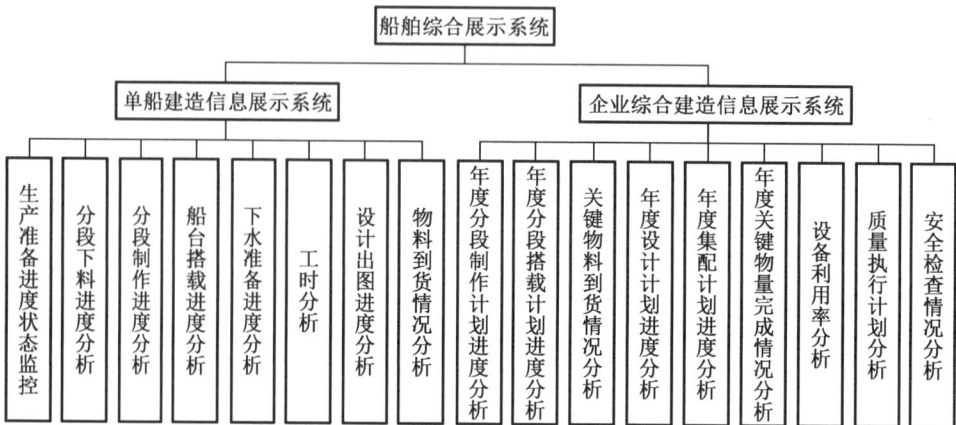

图5-7　造船综合展示系统功能结构图

【活动二】　精益计划管理

精益造船计划管理体系如图 5-8 所示。船舶大节点计划如图 5-9 所示。

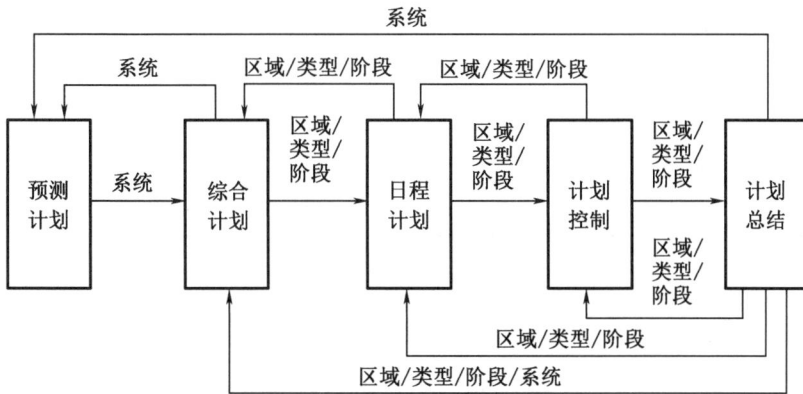

图 5-8　精益造船计划管理体系

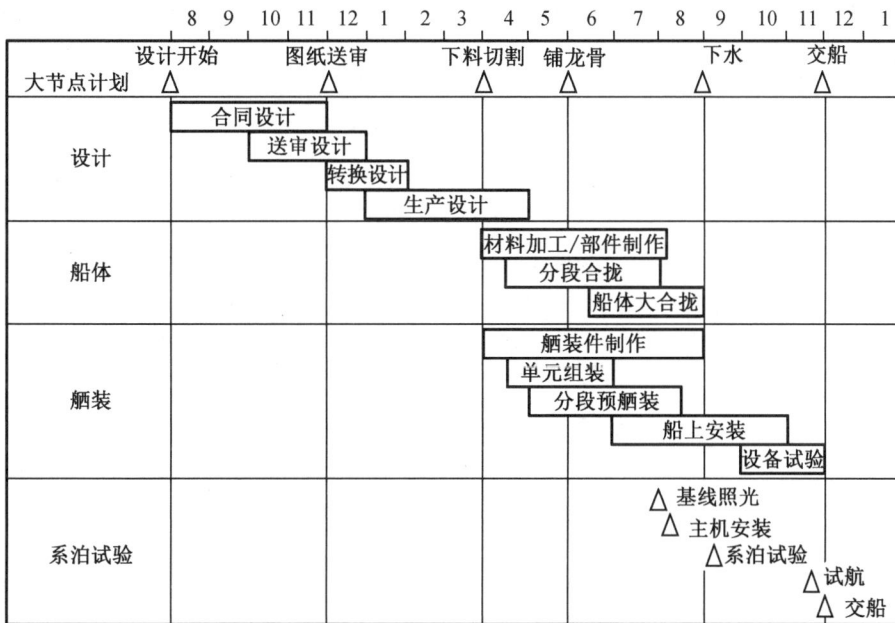

图 5-9　船舶大节点计划

精益造船生产计划包括生产部门制订船体大合拢计划和分段制造计划(图 5-10);作业者(系或工段)制定作业计划、物料计划和劳动力计划;生产部门进行综合平衡,做到物业计划和物料计划的统一,作业计划与劳动力计划的统一;汇总成全场的年度和月度生产计划。

物业计划、物料计划和劳动力计划是公司的三大主体计划。公司的其他一些计划均围绕这三大计划展开,如资金需求计划、计划出图计划、人力资源计划、技术改造计划、设备维修计划以及公司各部门的工作计划等。

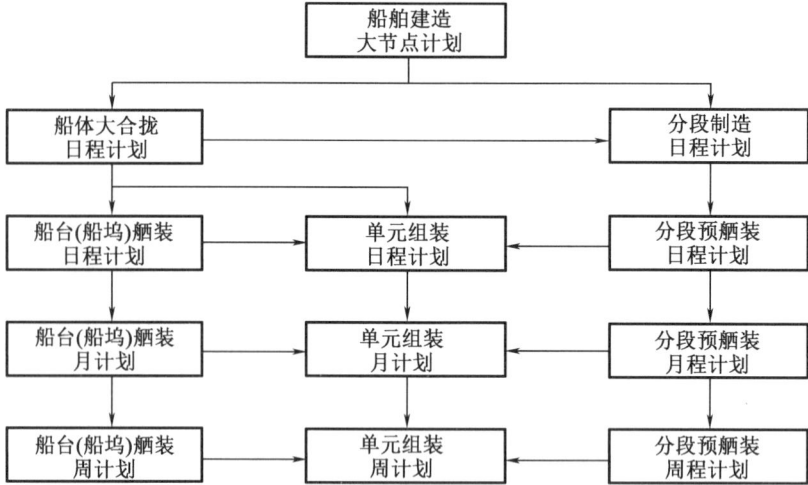

图 5-10　船体大合拢和分段制造计划

工时是精益造船计划的灵魂。它代表的既不是物量,也不是分配,应该是实际生产力。准确的实动工时记录,对于组织精益造船生产计划至关重要。船体制造工时统计图如图5-11 所示。

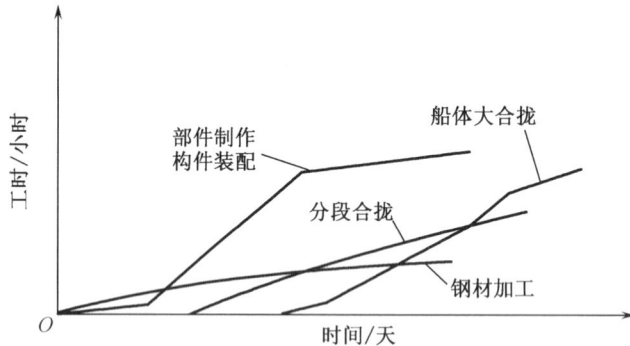

图 5-11　船体制造实动工时统计图

工时统计就是每天填写工时记录表(图 5-12),如实记录工人每小时的实际工作情况,并由专职录入员每天将实动工时按作业区分、作业工种和作业内容录入公示数据库。如果工时能力放空,必须写明造成工时浪费的原因,而这些浪费的工时也就成为下艘船舶改进生产计划、提高生产效率的起点。每艘船实际建造工时的详细记录是作业者制定作业计划和劳动力计划的依据,也是生产主管部门平衡生产和劳动力的依据。

```
                每 日 工 时 记 录 表

作业日期：    月    日              姓名：
班组名称：                          工号：
班组编号    任务编号    作业区分    分段编号
```

图 5-12　每日工时统计表

【课后习题】

一、填空题

1. 现代船舶建造管理信息系统是实现＿＿＿＿＿＿＿＿＿＿的重要技术支撑，是提高＿＿＿＿＿＿＿＿＿的最佳途径。

2. 计划是＿＿＿＿＿＿＿＿＿＿＿的灵魂，计划执行过程＿＿＿＿＿＿是系统的核心。

3. 现代船舶建造管理系统主要由＿＿＿＿＿＿＿、＿＿＿＿＿＿＿、＿＿＿＿＿＿＿和＿＿＿＿＿＿＿四大模块构成。

4. 成本管理过程涉及＿＿＿＿＿＿＿、＿＿＿＿＿＿＿、＿＿＿＿＿＿＿、目标成本的分解及下达、＿＿＿＿＿＿＿＿＿、实际成本核算、成本分析及追溯等。

5. ＿＿＿＿＿＿＿、＿＿＿＿＿＿＿和＿＿＿＿＿＿＿是公司的三大主体计划。

二、判断题

1. 生产过程中的公差标准，要求各道工序的累积误差能够满足最终船舶尺寸的公差标准。　　　　　　　　　　　　　　　　　　　　　　　　　（　　）

2. 精度管理提高了作业难度。　　　　　　　　　　　　　　　　　　（　　）

3. 托盘集配管理是为了提高造船企业生产效率，满足按节拍均衡连续造船的目标。（　　）

4. 综合展示平台主要分为两个部分：单船建造信息展示和企业综合建造信息展示。（　　）

5. 工时是精益造船计划的灵魂。　　　　　　　　　　　　　　　　　（　　）

三、简答题

1. 精益造船精度管理的定义是什么？

2. 精益造船的重要特征是什么？

3. 什么是托盘管理？

项目6 造船质量管理

【项目描述】

质量管理是造船企业管理的中心环节,质量管理要覆盖企业各个阶段的活动,如市场调研、设计和研制、采购、工艺准备、生产制造、检验和试验、技术服务和维修等。

船舶修造是一个庞大的系统工程,任意子系统发生质量问题或质量事故都可能影响全局、拖延进度。有些项目即使暂时不影响总进度,但积累下来在交船前留下大量扫尾工程同样会延长周期。这种情况目前还是普遍存在的,一艘万吨级船舶交船前的结尾工程,延长周期少则30天,多则2个月。

影响造船企业效益的因素很多,但追根究底都与质量(包括工作质量、工程质量、产品质量和服务质量)有关。如果忽视质量、片面追求进度和数量,必将适得其反,最终拖延生产进度,拉长造船周期,增加产品成本,降低经济效益。

【船舶发展】

2006年7月4日,自连云港驶向天津港的"奥恒"轮在青岛海域附近发生火灾,经及时封舱、CO_2灭火,火势迅速得到有效控制。火灾造成机舱内电气线路、设施等部分受损,两名船员被烧伤。

"奥恒"轮于2006年4月底建造下水,本航次为下水后的第五个航次。经调查后认定,火灾系日用油柜加温过高,造成油柜中重油所含水分或水垫激化、体积膨胀后,冲开日用油柜顶部测油孔法兰(未紧固),并喷溅到主机排烟管上引发火灾。

"奥恒"轮建造下水不久即发生了火灾事故,既有其偶然性,也有其必然性。其一,设计图纸与实际建造的日用油柜与沉淀油柜位置不一致。其二,应该紧固处理的测油孔法兰没有紧固,以致大量的重油自此冲出,喷射距离达5.47 m。其三,日用油柜中既有水垫层,重油中又含有较多水分。据船员称,油柜中的底水底部上端,开阀放底水时,短时间内,流出的水流便成为油流。实际上,操作中船员不可能在短时间内或一次性地把底水放掉。长时间的沉淀,底部将留存大量的底水并形成水垫层。而水垫遇到高温将汽化形成蒸气团,体积膨胀后造成沸溅。其四,日用油柜设置了蒸气和电加热两套系统,应用中,船员为了提高重油热效能往往用两套加热器同时加热,据船员讲,电加热一般控制在90~110 ℃,实际上,这时的油、水温度将达到100 ℃及以上,形成一定的蒸气压,造成沸溢或喷溅。其五,沉淀油柜与日用油柜之间设置了一根内径约5 cm的溢油管,两柜之间可以达到相互接受溢油。如果,两个油柜同时或瞬间形成沸溢,导致这部分溢油没有了空间位置,而且也没有允许其大流量流动的管路,故造成重油外溢是极其正常的。

这类事故形成的原因,基本上可以归结为管理不善和建造技术上达不到安全要求,为了今后能够减少或杜绝此类事故的发生,要加强管理船舶建造质量管理,将事故隐患消除在萌芽之中。

任务一　造船质量管理内容

【活动一】　知识准备

一、造船企业各部门质量管理职能的落实

落实各部门质量职能和各级各类人员质量责任是质量体系的关键性要素,是建立质量体系的核心内容。企业应根据质量环原理,结合产品特点将基本质量职能分配到各有关处、科、室、车间,明确各部门质量职能的原则要求和各级各类人员的主要质量职责。各部门应把各项质量职能和质量职责具体落实到基层组织或个人。各部门质量职能和各级各类人员质量职责应形成书面文件,其执行情况应与经济责任制考核和质量审核、质量奖惩挂钩。

二、质量教育培训

质量教育培训是质量体系中涉及人员素质的重要因素。产品质量归根到底要靠人的质量来保证,质量教育培训应结合工厂实际,重实效,防止表面化。教育培训的对象应包括全体职工。质量教育培训的内容包括以下三个方面。

1. 质量意识教育

质量意识教育包括有关质量方针、政策、职业道德、质量事故分析教育等。

2. 质量管理教育

质量管理教育包括全面质量管理的基本理论和基本方法、质量管理先进经验、质量体系、质量职能、质量成本、质量信息、可靠性管理、数理统计方法、计算机辅助质量管理等。

3. 基础技术和专门技术教育

基础技术和专门技术教育包括新职工进厂后的上岗技术培训,新工艺、新技术等专业技术培训,检验员、计量检定员、无损探伤人员、器材保管员、特殊工艺操作人员的资格考核发证和持证上岗教育等。

三、设计过程的质量管理

船舶设计一般要经过初步设计(含合同设计)、详细设计(含设计送审——船东、船级社)、生产设计等几个阶段。

为了加强设计质量,在各设计阶段均应积极采用国际标准、国外先进标准、国家标准、

专业标准和工厂标准及通用图,缩短设计周期;积极运用可靠性技术、维修性技术、优化设计技术及价值工程方法进行系统分析,综合择优;严格按三级校审制度校审图纸、文件;开展设计评审、工艺评审、纠正缺陷,防止新技术、新器材未经鉴定而在设计中采用;进行设计质量分析以利质量改进;建立设计质量考核办法促进设计质量不断提高。

四、采购过程的质量管理

外购、外协材料、元件和零部件是船舶产品的组成部分,直接影响船舶的质量。为了保证采购物品的质量,应做好采购质量计划并加以控制。

采购质量计划应包括:规范、图纸和订货等方面的要求;选择合格的供方;质量保证协议;验证方法协议;解决质量争端的规定;接收检验计划;接收控制及质量记录。

五、制造过程的质量管理

制造过程质量管理的任务有两项,一是加强工序控制,实行自主质量管理,建立工序控制点,保证产品质量处于受控状态。二是加强质量检验工作,发挥把关、预防和反馈作用,保证不合格的原材料不投产、不合格的零部件不转工序、不合格的成品不出厂,使出厂的产品符合规定的质量标准和要求。

1. 实行自主质量管理

船舶是技术密集和劳动密集组合的庞大产品,船厂的特点是单个小批生产,工艺技术复杂,立体交叉作业,施工场地分散,手工作业较多,外购配套器材多,检测项目繁多,质量控制难度大。因此要保证和稳定产品质量仅仅靠专职检验把关是远远不够的,更重要的是要启发和依靠每个部门和每个职工的质量责任感,积极参加质量管理。

自主质量管理要求以制造部门为主,由操作者对施工质量进行自控、自检、自改、自评和自记。

2. 建立工序控制点,实施重点控制

在自主质量管理的基础上抓住关键的少数,进一步对船舶制造的关键工序,如船舶焊接、管系制造、轴舵系加工、涂装等关键工序建立工序控制点进行重点控制。

所谓关键工序是指"对产品质量起决定性作用的工序"。所谓控制点是指"为保证工序处于受控制状态,在一定的时间和一定的条件下,在产品制造过程中需重点控制的质量特性,关键部件或薄弱环节"。

3. 加强工艺纪律检查

执行工艺纪律是工序质量控制的重要手段,是对产品质量特性和关键工序进行监控,保证产品符合有关图纸和工艺要求的管理措施之一。

4. 加强产品质量检验

产品质量检验是质量管理工作最基本、最起码的内容,其主要职能是把关、预防和反馈。

产品质量检验包括外来货检验、工序间检验和最终检验。

5. 不合格品管理

不合格品是不满足规定要求的产品。不合格品管理涉及不合格品审理组织、不合格品处理原则、不合格品分类、审理程序、职责权限、废返通知单的签发、废品隔离和不合格品的预防等内容。

6. 质量信息管理

质量信息是质量活动中的各类数据、报表、资料和文件。质量信息反馈是将产品、过程或服务等质量信息及时地按规定程序返回有关部门。为了给各级领导和有关部门提供质量信息以便做出正确的质量决策,有效地采取措施进行质量控制、改进和提高工作质量、产品质量或服务质量、满足用户需求。企业应制订和实施质量信息管理程序,明确规定质量信息管理的组织机构和各级人员的职责、质量信息分类分级和反馈流程以及考核办法。

六、质量考核和奖惩

1. 质量指标统计考核

质量指标考核分为三级,即船舶总公司对工厂、工厂对车间、车间对工段班组。考核的依据分别是船舶总公司对工厂、工厂对车间、车间对工段班组下达的质量指标。

质量指标必须体现先进、合理原则,以促进产品质量不断提高。质量指标按产品和施工部门分别进行统计考核。如焊接质量指标主要统计和考核主船体、船舶管系、压力容器的焊接质量。

2. 质量系数考核法、质量否决权

质量系数法是以质量系数乘以经济责任制考核得分作为各部门提奖依据的一种考核办法。当质量系数<1时,效益工资和资金被部分否决;当质量系数>1时可加奖。这种考核法体现了"质量第一"方针,突出了质量在经济责任制考核中的地位,使质量与职工的荣誉和物质利益挂钩,有利于增强职工的质量意识和质量责任性。

造船企业应结合实际制定质量系数考核办法,并严格执行。考核内容应包括质量指标、质量管理、工艺纪律、质量事故等。

3. 质量奖惩

对在全面质量管理过程中做出显著成绩的个人和部门给予奖励。如质量工作先进个人奖、质量工作先进集体奖、优质产品奖、QC成果奖、质量竞赛奖等。对完不成质量指标或造成重大质量事故的个人和部门给予批评、罚款或追究行政和法律责任。工厂应结合实际制定各种奖励和惩罚规定,并认真执行。

【活动二】 船厂质量管理考核大纲的编制

船厂质量管理考核大纲分10个条目进行综合评分考核,总分100分,根据总分设优(85分及以上)、良(70～85分)、中(50～70分)、差(50分以下)四个等级。在查阅相关背景知识,完成小组讨论后补全表6-1。

表6-1　船厂质量管理考核综合评分表

条目	条目名称	分值	考核内容及要求
1	领导质量意识	例:16	例:厂领导十分重视质量工作,措施较全并能认真贯彻。能带领各级干部及企业职工自觉运用全面质量管理思想方法提高产品质量,增进企业素质
2	质量制度		
3	质量机构		
4	质量奖惩		
5	设计过程		
6	质量教育		
7	不合格品		
8	采购过程		
9	质量活动		
10	生产过程		

任务二　造船质量检验过程

【活动一】　知识准备

一、造船质量检验职能和主要活动

1. 质量检验的基本职能

在产品的形成过程中,质量检验通过进货检验、工序检验和最终检验等活动,同时具备鉴别、把关、报告和证实四项基本职能。

全部的质量管理活动都是围绕着预防质量问题的发生来进行的。质量检验作为质量管理活动的一个重要组成部分,具有预防的作用。在有些检验活动中,如首件检验和巡回检验,由于及时发现了存在的问题,防止了质量问题的发生,起到了预防的作用;对上道质量问题的把关,防止不合格品转序,也起到了预防的作用;通过质量情况的报告,促使企业就产品质量采取措施,也同样起到了预防的作用。

2. 质量检验部门的主要活动

(1)宣传、贯彻质量方针和政策。

(2)编制质量检验程序文件和检验计划。

3. 质量检验文件的准备和管理

(1)设计文件、产品图样、关键件清单。

（2）工艺文件及工序控制文件。

（3）有关的接受准则、标准、规范、公约和规则。

（4）合同及技术协议书。

（5）检验程序、计划和指导书。

4. 检验手段的配置和管理

检验手段就是检测和试验时所需的计量器具、测试仪器和设备。检验手段的合理配置、正确使用和严格管理是保证检验结论正确、可靠的条件。

5. 负责产品的检验

船厂的检验工作一般包括以下几方面。

（1）模具、工装夹具的检验和在用工装夹具的定期验证。

（2）负责外购件和外协件的进厂检验。

（3）自制零部件、船体分段和机械及设备安装的工序检验，包括首检、巡检、末件检验和完工检验。

（4）负责主船体、各系统和舱室完整性的最终检验。

6. 承担产品试验工作

船舶产品的试验工作主要是系泊试验和航行试验。对有特殊装备的船舶还要做其他海上试验的项目。以上各项试验均应按规定要求由施工部门组织逐项进行。检验部门在试验前应检查其条件是否具备，试验中监视各项参数的变化、系统运行状态及各项特性的条例，试验后整理出具报告。凡企业缺乏测量设备的，质量检验部门可委托经认可的具有一定资格的组织承担测量或试验。

7. 控制不合格品

在生产过程中，由于受到主客观各种因素的影响，不可避免地会产生一些不合格品；同时，企业也会采购进一些有质量问题的原材料和配套设备等物资。为了保证产品质量，企业质量检验工作的基本任务之一，就是从采购物资进厂到产品出厂的各个环节中，组织好对不合格品的控制，防止使用未经适当处理的不合格品。

8. 承担检验记录、报告、质量证明书和检验信息管理工作

质量检验部门是掌握第一手质量信息的部门，所以，在质量检验部门，认真做好检验记录，出具检验报告和质量证明书，建立检验方面的质量信息系统，并及时处理、归档、上报，向需方或第三方提供证据，是质量检验的基本任务之一。

9. 建立产品质量档案

建立质量档案是质量检验的一项重要工作。质量检验部门应将质量记录和检验信息中具有保存价值的部分，进行整理、编目、保管，作为质量档案归档保存，以供需要时检索查考，并确保质量的可追溯性。

10. 参与对外协、外购单位和联营厂的质量认定

每一个企业都要向其他厂商购买产品，有些零部件，甚至船体分段还要外协加工。为

了确保这些供方具有一定的质量保证能力,能长期供应合格产品,有必要对这些企业的质量保证体系进行审核和评价,选择合格的供方,予以质量认定。该项工作一般由质量管理部门负责组织,视情况由技术、检验、生产和供应等部门参与。

11. 参与产品制造过程的工序控制

产品制造过程的工序控制是指从投产开始到产品交付的整个制造过程的工序质量控制。它是企业质量管理的重要环节,也是企业形成产品符合性质量的关键。为了使生产制造过程处于控制状态,及时发现问题和处理问题,防止不合格品的发生,必须对重点的、关键的工序加强控制。

12. 参与质量认证的准备工作

13. 参与售后服务工作

14. 负责质量指标统计,参与质量考核

15. 参与质量成本统计和分析

质量成本是企业为确保产品质量进行的管理所支付的费用和由于质量故障所造成损失的总和。质量成本包括内部故障成本、外部故障成本、预防成本、鉴定成本和外部保证质量成本。这些成本都与质量检验部门有关,而鉴定成本更是直接与质量检验部门有关。所以,检验部门应该配合财务部门,提供资料。例如:

(1)废品、返工和返修损失费用。

(2)进货检验、工序检验和最终检验费用。

(3)检测及试验设备的维护、校准费用。

(4)产品试验费用。

(5)检验人员培训费用。

(6)第二方和第三方检验费用。

16. 配合质量监督检验工作

(1)陪同顾客代表(船东代表、军代表)赴货源地进行采购产品的验证;

(2)按规定的检验项目,向顾客代表、验船部门的验船师提交检验,并就检验中发现的问题,通知生产部门进行纠正;

(3)陪同行政部门和主管部门对本企业产品质量的监督抽查。

17. 负责管理检验印章

对经培训、考核合格的检验人员,授予印章,并以印章进行控制。当检验人员调离检验岗位或因故被撤销资格时,应收回印章。

二、造船质量检验实施

船舶制造是一个极其复杂的过程,产品从原材料进厂到成品合格出厂的每一道工序、每一个过程、每一次搬运、每一项操作和每一个管理步骤,都受到管理、技术和人员等方面主客观因素的影响,因此,都不可避免地给产品在形成过程中带来质量的波动,甚至会产生不合格品。为了能使这些不合格从刚产生时就被发现,并立即将其剔除,防止不合格品进入下道工序,造成成品质量不合格,因此,在采购、生产和安装过程中必须有一个与这些过程相容的质量检验过程。

1. 检验的准备

检验的准备工作一般可分为技术准备和物质准备两个方面。

（1）技术准备

检验的技术准备工作分为资料准备和业务准备两个方面。

①资料准备。根据检验的对象准备所需的资料。例如,检验所需的文件和依据,如产品图样、工艺文件、各类技术标准、规范、公约、质量评级标准、技术协议、合同和检验程序、计划及指导书等文件;抽样检验标准;公差表;感官检验标准,包括文字标准,图片和样品等。

上述的检验计划及其支持性文件——检验指导书的内容包括:检验项目和检验点、停止点的设置;被检特性和接受准则;检验方式、时点、频次和数量,若采用抽样检验,则应规定方案;检测方法,包括基准选择及传递和测量数据处理方法等;检测手段,包括检验所用的工具、计量器具和仪器,以及所要求的各设备的测量不确定度和使用注意事项;检验要点,注意事项和测量方法;检验记录,记录的编码系统和内容必须确保资料的可检索性和质量的可追溯性;参考资料。

②业务准备。检验人员应熟悉以上各项要求和文件,掌握重点、难点,尤其要注意关键件（特性）和重要件（特性）,以及产品中应用的新原理、新技术、新工艺、新要求和新的检测方法,列出施工、操作人员可能会疏忽的问题点。同时对文件中含糊不清之处,与编制部门联系,予以澄清明确。在这一阶段,根据质量计划的安排,对有关检验人员进行培训。

（2）物质准备

检验的物质准备分为软件准备和硬件准备两个方面。

①软件准备。包括:检验单据,如对外提交检验通知单、反馈单等;检验记录,如检验数据记录表、检验报告和检验台账等;检验印章,如检验员印章,合格、不合格、接收、拒收和废品印章等;检验用的标记标签。如合格品、不合格品、返工品、回用品等用于检验状态标识的标记、标签;检验报表,如检验日报、月报、季报、年报等。

②硬件准备。包括:检验设施,它是保证完成质量检验工作的物质条件,一般包括进行检验的场所、试验室、精密测量室等;计量器具及测试设备的准备,根据产品的质量特性,选择和准备一定数量和一定准确度的检验用计量器具和设备,当现有设备不足时,应计划或研制,或者委托其他单位测量。

2. 检验的主要工作内容

检验就是根据标准来评价某种特性与要求的偏差程度,其目的主要是决定产品是否符合规格。检验工作的内容主要有以下几项。

（1）明确检验对象的质量要求

检验人员在收到由供应部门或生产制造部门所采购或制造加工的原材料、零部件、分段或某些施工项目等被检对象和提交的检验单后,首先要充分了解被检对象的质量要求和接收准则,弄清质量要求中含糊不清的问题。

（2）检测

检验部门的检验员在收到提交检验单后,应根据检验计划及被检对象的质量要求,进行质量特性的检查和测试,检测的具体数量、项目按检验计划规定。检验的内容除产品实体外,还包括检查上道工序的验证状态、产品标记和随行文件等有关记录。检验的操作方法,可按检验指导书进行。

（3）比较

把检测所得的质量特性值和特征与质量标准比较,看其是否符合。

（4）判断

根据比较结果,判断被检对象的质量,做出检验结论。

判断符合性质量的结论一般有以下两种。

①合格或不合格。

②质量等级:按船舶施工质量评级标准对被检对象进行评级。

（5）签证和标记

把判断的结果写在检验单或其他随行文件（工艺流程卡）上,并盖上检验员印章及检验日期。按检验标记规定要求,做出检验标记,以标识产品的验证状态。

（6）处理

①检验合格者,可按检验程序办理入库、转序或交付出厂手续。

②检验不合格者,要做出标识,并根据不合格的程度按不合格品控制程序分别进行处理。

（7）记录

在对原材料、零部件和成品的检验过程中,要将检验结果按要求进行记录,以证明其质量状况,其中的不合格品已按程序规定进行了处置。检验记录的格式应根据各企业各生产环节质量特性的实际情况统一设计。记录中应注明负责产品放行的检验部门和检验员。检验记录应当具有证实产品质量已经达到规定要求和确保质量可追溯性的作用。

（8）检验报告

质量检验报告是反映检验部门检验结果和产品状况的表格或文件。其中属反映检验结果的,纳入质量证明书;属反映产品质量总体状况的,按规定传递和上报,供上级主管部门、企业领导和有关部门参考。

3.各阶段的检验程序

（1）进货检验和试验

①原材料检验和试验

原材料进厂必须持有生产厂商和验船部门出具的证书。企业供应部门填写原材料报验单后交质量检验部门专职检验员检验。报验单上必须写明材料的牌号、规格、质量、来源、产地、生产单位质量证书编号及炉批号。检验员接到报验单后,应及时进行外观和尺度检查,核查产品标记和船级社检验标记。必要时,按规定取样,对样品的规格（尺寸）和标记等进行检验,送理化试验室试验或委外试验。检验员应根据检验和试验的结果,做出合格与否的结论。经检验合格的原材料,检验人员应在检验单上写明该材料的牌号、规格和所符合的标准的代号,根据材料批次管理的规定,给予检验编号;对有特殊用途或限制使用范围的材料也应注明,并在检验单上签署合格判定意见和检验员姓名或盖印章。经检验不合格的原材料,检验员应提供检测数据,可由供应部门负责与原材料供应厂商联系处理。每批原材料检验结束后,检验人员把检验情况记入检验台账,并将材料生产单位质量证书正本和试验报告、检验单的副本归档保存。同时,赴仓库对该批材料的存放、验证状态标识和产品标识等情况进行检查。必要时,可查阅仓库的台账,验证其登录内容的正确性和完整性。

②外购、外协的设备或零部件的检验和试验

除原材料和毛坯件以外的外购和外协的各类产品的检验程序和对供方的控制程度,因其重要程度和供方产品质量业绩的不同而有所区别。对重要的外购器件和设备,尤其是要进行动态性能试验的设备,一般应赴制造厂验证,参加制造厂的最终检验和试验,由制造厂直接向质量检验部门的代表提交。必要时,在生产过程中对产品进行监督检验。船厂代表赴制造厂验证及需方对采购物资的验证均需在合同中规定。这些赴供方货源地的验证,并不影响其后的进货检验。

一般器材的进货检验程序如下:产品进厂必须持有生产厂商出厂合格证书和随行文件,经企业供应或外协部门填写报验单后交质量检验部门专职检验员检验。检验员接到报验单后,首先应核对生产厂商是否属经本厂质量认定的合格厂商,属验船部门检验范围的产品,还应检查船检证书和产品上检验标记。其后,根据合同、技术协议书、图样,按检验计划规定抽取样本或采用全数检验方法,进行静态检查或动态测试。当合同有规定时,开箱检验产品要通过供方代表到场。经检查和(或)测试合格的产品,由检验员签署合格判定意见和检验员姓名或盖印章后,通知有关部门办理入库手续。经检测不合格的外购、外协产品,检验员应提供测量数据和不合格问题,由供应或外协部门负责退货、索赔或由供方申请让步。检验结束后,检验员应把检验情况和产品编号记入检验台账,保存随机文件、合格证书,并做出验证状态标识。因生产急需来不及检验而放行时,应对该项物资标以足够明确的标记,并做好详细的记录,以便一旦发现不合格品能立即追回、返工或更换。生产急需放行等特殊情况的应办理审批手续,从技术上和经济上审查放行的可行性。实施生产急需放行应有可靠的追回程序。

(2)工序检验和试验

工序检验又称过程中检验,包括首件检验、巡回检验、按规定项目的检验,以及半成品完工检验,如分段、舵叶和舱口盖的完工检验。检验的范围要覆盖全部产品。其程序如下。

①检验员应对操作者的首件产品实施检验,经检验合格的,做出首件合格标记,允许继续加工;经检验不合格的,不允许继续加工。

②首检合格后,检验员进行巡回检验的频次一般一天不少于两次。在巡检中发现不合格,应查明原因。

③根据检验计划所列的检验项目,在相应的工序施工结束转序之前,施工部门应填写报验单通知检验员对产品进行检验,检验合格的产品可转入下道工序。检验的内容包括检查是否使用了经检验合格的材料,必须注意,当在加工过程中,要除去原产品标记时,应办

理标记转序手续,完工后予以标记移植。这些均需经检验员检查确认。

④对完工的零部件在入库前、船体分段完工对外提交检验前,应由制造部门填写报验单交质量检验部门专职检验员检验。

⑤经检验合格的,由检验人员签署合格判定意见后通知制造部门办理入库或转序手续。经检验不合格的,检验员应提供检测数据,按不合格品处理程序执行。检验后,应按程序、计划的规定,做出检验标识。

⑥检验结束后,检验人员应记录检验结果,包括记入检验台账。

(3)最终检验和试验

最终检验和试验一般包括主船体、舱室和机电系统的安装及其完整性检验,以及系泊和航行试验。一般来说,其检验程序如下。

①产品施工工序全部结束后,由制造部门填写报验单送质量检验部门。

②检验人员接到报验单后,按质量标准对系统进行检验,包括对产品的完整性、清洁度、外观和多余物等进行全面的最终检验,并要查阅前面各道检验的记录,包括零部件的材料和设备的质量记录,以确认是否符合要求和进行最终试验的条件。然后,按试验大纲的要求进行最终试验,验证整船或各系统的效用、功能和(或)性能。

③检验和试验结束后,检验员应在检验单上签署合格与否的判别意见,并写明不合格的具体情况;对于试验项目,应出具试验报告,并附试验记录。

④凡经检验的项目,应用适当的方式显示检验和试验状态标识,以防漏检;凡经检验不合格的,应按不合格品处理程序处理。

(4)生产过程中第二方和第三方的检验

对按合同或法规规定要经第二方或第三方检验的产品,质量检验部门应按规定的范围、项目向第二方或第三方代表提交验收。在船厂生产过程中的一般程序如下。

①检验人员应熟悉经船东确认的检验项目和验船部门发布的入级检验和法定检验规则中所列的检验项目,掌握向第二方和第三方提交检验的范围。必须注意上述两种项目的范围不是完全相同的。例如,船级社一般不对船体的除锈选题和内部装潢的表面质量进行检验。

②检验人员一般在对上述范围的检验项目检验合格以后,再填写向第二方和第三方提交检验的通知单。通知单一般要提前24小时发出,但至少应给检验方有充分的准备和路途交通的时间,如前一天上午通知,第二天下午检验。为了缩短生产周期,在预期能一次通过检验的情况下,也可以在检验人员检验之前向第二方和第三方发出通知。对于耗时、耗能较大的系泊和航行试验项目,检验人员在确认符合试验条件后,可与第二方和第三方共同检验。检验时,工厂的施工部门应派专员陪同。

③检验后,第二方和第三方应分别签署验收单,作为检验的凭证。对不接受的项目,属可返工或返修者,则在返工或返修后应重新提交检验;对其中的返修项目或未经返修仍期望他们接受项目,应办理让步申请手续,获得第二方和(或)第三方的书面认可。检验人员应对第二方第三方检验的状态予以记录和标识,以防遗漏。

④对于通过试验的项目,检验员应将试验记录表或试验报告交第二方和(或)第三方签署确认。

4. 检验标识

检验标识涉及验证状态标识(又称检验和试验状态标识)和产品标识两个方面。

(1)验证状态标识

验证状态指的是产品所处的符合性的状态。为保持正常的生产秩序,防止不合格品的流转,在从产品购入、生产至交付的过程中必须对材料、零部件是否经过检验,是否已被接收等状态以适当的方法予以标识。验证状态一般有待验、合格和不合格三种。不合格品又可分为废品、返工品、返修品、回用品及待审理品等。对处于各种验证状态的实物,应通过检验标识予以区别,以防止不合格品的使用。通常,验证状态的标识可应用印章、标签、标牌、路线卡(履历卡)、检验记录、有标识的容器和存放地点等方法。验证状态标识应保持至产品的安装和服务过程,在施工过程中,对多件共用的标识在分件发放时,或在加工过程中把标识去除时,对验证状态的标识均应予以移植。验证状态的标识应明确由企业哪一部分负责,在生产制造过程的哪一阶段实施,以及应在产品的哪一位置上做标识。实行验证状态的标识既可以有效地防止产品混批和不合格品的非正常转序,防止误用不合格品,又便于追溯责任者。在检验部门内部应有相应的验证状态的记录,以有效地防止漏检。所以,实行验证状态标识是质量体系中实施实物控制的主要环节,是保证检验工作有效性的重要措施。

(2)产品标识

产品标识是指对产品做出识别标记的过程。产品标记一般由生产部门制作,检验部门协作并检查。其内容包括:产品编号、批次编号、工厂标记、检验合格标记、检验员代号、检验日期及第三方检验标记等。产品编号与质量记录应有索引关系,以便查阅。产品标记有利于企业和用户对产品的质量跟踪和保证产品质量的可追溯性。产品标识的内容还应符合有关船舶规范的规定。在这些规范中对船用产品及重要的零部件的标识内容及格式都做出了具体的规定。

产品标记的格式、内容和方法应制定相应的标准,并在产品图样及有关文件上做出具体规定。常用的标记方法有钢印、漆标、标签和铭牌,有些铸锻件可用字模把标记做在产品上。产品标记从产品投产至交付均应保持完整,包括购入产品上的标记和船厂所做的标记。在中间加工时,若标记被去除,则应予移植,以确保对产品质量状况的可追溯性,能够根据产品标识查到材质、时间、地点、责任人员、工艺参数和质量特性等资料和数据。检验员应检查上道的标记与移植的标记的一致性,并做好记录,必要时应制作拓片。在船级社规定的产品标记的转移过程中,包括去除之前和移植之后,均应通知验船师到现场确认。产品标记应在检验记录中记载。

三、质量问题的处理

1. 质量事故的处理

由于某种原因造成产品质量不合格,并发生较大经济损失或产生其他后果者称为质量事故。发生质量事故后,应做到责任者不查清不放过,原因不查明不放过,纠正措施不落实不放过。

（1）质量事故处理程序

①重大质量事故处理程序。重大质量事故发生后，发现部门应于当天立即填报质量事故单，报送质量检验部门。质量检验部门收到事故报告后，应立即会同有关部门初步查明事故原因，并向企业负责人汇报。重大质量事故的责任部门，应立即制定防范措施，严防同类质量事故的再次发生。企业负责人在事故发生的三天内，组织事故调查小组，深入现场查清事实，分析质量事故发生原因。企业负责人在调查小组调查的基础上，召集专题会议，对事故进行深入分析，确定事故原因及责任者，责成责任部门认真总结事故教训，制定和落实纠正措施。重大质量事故发生后，一般规定在三天内报告上级主管部门，并在一周内写出质量事故书面报告，送上级主管部门。重大质量事故的全部材料，由质量检验部门汇总后作为产品质量档案归档保存。

②一般质量事故处理程序。一般质量事故发生后，企业质量检验部门应会同责任部门在2天内查明原因，提出解决、处理意见。一般质量事故发生及处理情况应立即上报企业技术负责人或总工程师。

（2）质量事故的处理手段

①法律手段。造成重大经济损失或发生人身伤亡构成犯罪的，应依法追究责任人员责任。

②行政手段。按有关规定，根据质量事故的严重程度和原因，给予责任者以开除、留厂察看、撤职、降级、记过或警告等行政处分。

③经济手段。根据有关规定给予责任部门或责任者以一次性赔偿、扣除奖金或工资降级等经济处分。

（3）质量事故报告内容

①事故发现及发生的时间、地点、有关人员姓名。

②事故情况、特征的概述。

③事故原因分析。

④事故责任分析及责任者。

2. 生产制造过程质量异议处理

对检验部门所做的检验结论，生产部门有不同看法时，可按下列步骤处理。

（1）当质量检验员与操作者有意见分歧时，原则上以质量检验员的意见为结论。

（2）若质量检验员与操作者各持己见，争执不下时，可由检验组组长予以裁决。

（3）若操作者对检验组组长的裁决意见仍持有不同看法时，可提请部门负责人处理，由生产制造部门负责人提出质量异议意见，报质量检验部门负责人裁决。

（4）生产制造部门对质量检验部门负责人的裁决仍持有不同意见时，可提交厂长裁决。

（5）企业厂长对质量异议裁决时，若否定检验部门的结论，要以书面意见下达。企业质量检验部门负责人对厂长的局面裁决有不同看法时，有权向上级主管部门汇报。

质量异议的处理要公正，有各类质量标准的应根据标准，无标准的应根据技术协议、合同或其他有关质量的要求来判定。

3. 停止生产令的使用

停止生产令就是在生产过程发生异常或生产产品发现批量不合格时下达的一种暂时

中断生产的命令。停止生产令的作用在于预防和减少不合格品的发生。

（1）停止生产令的使用原则

①在生产过程中，违反操作工艺要求施工，已经或可能严重影响产品质量，且经劝阻不改者，质量检验部门有权停止其继续施工，并按违反工艺纪律处理。

②检验部门在首检或巡检过程中，发现产品不合格，且一时难以查明原因的，可停止其继续生产，待查明原因并采取纠正措施后再恢复生产，以防止发生批量不合格品。

③检验部门发现产品的生产设备、测试设备有严重故障或超期使用，预见会发生质量问题时，检验部门有权停止其继续使用，待设备排除故障、运行正常，测试设备的准确度满足使用要求后可恢复正常生产。

（2）停止生产令的使用权限

停止生产令的使用应十分慎重，不可随便使用，尤其是该令的适用范围较大或涉及对产量起关键作用的工序时。关于停止生产令的权限，在企业内部必须有明文规定。因为停止生产令一旦使用将影响生产的正常进行，将使生产中断，所以，停止生产令的使用一定要有充足的理由和经过经济性评价，其发出必须经质量检验部门负责人同意，并上报企业负责人。

（3）停止生产令的撤销

停止生产令发出后，生产部门应立即组织力量进行调查分析，查明原因，落实解决措施。在产品质量确有保证的前提下，经质量检验部门同意后可恢复生产。

【活动二】 钢质环形总段模型质量检验

根据相关质量检验标准，对钢质环形总段模型进行质量检验并补全相关表格，标准如下。

1. 平面与曲面分段装配尺寸偏差标准（表6-2）

表6-2　平面与曲面分段装配尺寸偏差标准　　　　　　　　　　　　单位:mm

项目		标准范围	允许极限	实测数据
分段宽度	平面	±4.0	±6.0	
	曲面		±8.0	
分段长度	平面	±4.0	±6.0	
	曲面		±8.0	
分段正方度（指最终划线的对角线偏差）	平面	4	8	
	曲面	10	15	
分段变形（在横梁或桁材面板上测量）		10	20	
内部构件与板接头之间的接头焊缝距离		±5	±10	

2.船台装配尺寸偏差标准(表6-3)

表6-3　船台装配尺寸偏差标准　　　　　　　　　　　单位:mm

项目		标准范围	允许极限	实测数据
中心线的偏差	双层底与船台	<3.0	<5.0	
	甲板、平台、横舱壁与双层底	<5.0	<8.0	
	艏艉端点与船台	<0.1%h	不做规定	
	上层建筑与甲板	<4.0	<8.0	
	上舵承中心线与船台中心线	<4.0	<8.0	
	尾轴孔中心与船台中心线	<5.0	<8.0	
水平度	底部、平台、甲板四角水平	±8.0	±12	
	舱壁左右(前后)水平	±4.0	±6.0	
	舷侧分段前水平	±5.0	±10	
	上层建筑四角水平	±10	±15	
分段接缝处肋距		±10	±20	
舱壁垂直度		<0.1%h 且<10	—	

【活动三】 某近海散货船建造检验项目(表6-4)

表6-4　某近海散货船建造检验项目

说明:1.B 为必检项目:船厂或检测方检验(并记录)、船东/船东代表确认、验船师逐项检验/验证的项目;W 为委检项目:船厂或检测方检验(并记录)、委托船东/船东代表检验/验证的项目;C 为抽检项目:船厂或检测检验(并记录)、船东/船东代表确认、验船师按比例抽样检验/验证的项目。

2.经与船厂(包括船东)确定的检验方式应在该检验方式后的□内打"√",不适用的检验方式在□内打"–"。

3.验船师根据建造船舶的不同种类和具体情况,可增删检验项目,可扩大 B 类项目范围。

序号	验收项目	验收内容	验收阶段	检验方式	备注
1	开工前审查				准予开工通知
	1.1 船厂生产技术条件				
	1.1.1 船台及胎架	船台、胎架结构和形式	开工前	B ☑　W □–　C □–	分阶段监测
	1.1.2 施工设施、设备	设施、设备数量及技术规格	开工前	B ☑　W □–　C □–	
	1.1.3 技术、质检人员	人员名单及数量和技术等级	开工前	B ☑　W □–　C □–	名单存档

表 6-4(续 1)

序号	验收项目	验收内容	验收阶段	检验方式			备注
	1.1.4 生产人员	工程负责人、冷作、电焊、船体放样人员名单及技术证书	开工前	B ☑	W —	C —	名单存档
	1.1.5 开工前培训	生产人员短期工艺培训	开工前	B —	W ☑	C —	培训记录存档
	1.1.6 船厂资质	营业执照、生产、质量、安全、材料进出管理制度	开工前	B ☑	W —	C —	报船检审查
	1.2 检验、检测确认						
	1.2.1 监理人员与检测人员	公司资质、参与检验人员名单、检测公司与船厂合作协议 检测设备证书	开工前	B ☑	W —	C —	合作协议及检验人员名单
	1.2.2 无损检测计划	无损检测计划,拍片片位图	开工前	B ☑	W —	C —	片位图报审
	1.2.3 船舶检验报检计划		开工前	B ☑	W —	C —	
	1.3 图纸及技术文件						
	1.3.1 批准图纸的有效性	图纸的有效性及完整性	开工前	B ☑	W —	C —	图纸审批意见书
	1.3.2 施工图纸	有效性、完整性	开工前	B ☑	W —	C —	
	1.3.3 焊接、施工工艺	焊接规格及工艺	开工前	B ☑	W —	C —	
	1.3.4 试验大纲	完整性和实际可操作性	开工前	B ☑	W —	C —	
2	龙骨安放日期确认						确认书
	2.1 船体钢板及型钢	a.材质报告,外观质量	开工前	B ☑	W —	C —	产品证书
		b.钢材表面预处理	开工前	B —	W ☑	C —	
	2.2 船体焊接材料	材质报告	开工前	B ☑	W —	C —	产品证书
3	船体装配及焊接检验						质检记录

表 6-4(续 2)

序号	验收项目	验收内容	验收阶段	检验方式	备注
	3.1 分段检验				
	3.1.1 双层底分段	结构完整性、装配质量及焊缝表面质量	施工中	B ☑ W ☐ C ☐	分阶段
	3.1.2 舭部分段	无损探伤	施工中	B ☑ W ☐ C ☐	片位、数量
	3.1.3 舷侧与甲板分段	结构形式、构件尺寸、装配及焊接质量	施工中	B ☑ W ☐ C ☐	分阶段
	3.1.4 甲板分段	结构形式、构件尺寸、装配及焊接质量	施工中	B ☑ W ☐ C ☐	分阶段
	3.1.5 舱壁与连接甲板分段	结构形式、构件尺寸、装配及焊接质量	施工中	B ☑ W ☐ C ☐	分阶段
	3.1.6 艏总段	结构形式、构件尺寸、装配及焊接质量	施工中	B ☑ W ☐ C ☐	片位、数量
	3.1.7 艉总段	结构形式、构件尺寸、装配及焊接质量	施工中	B ☑ W ☐ C ☐	片位、数量
	3.1.8 舱盖	结构形式、构件尺寸、装配及焊接质量	施工中	B ☑ W ☐ C ☐	片位、数量
	3.2 船台大合拢				交验单及质检记录
	3.2.1 双层底分段合拢	结构完整性、装配质量及焊缝表面质量	施工中	B ☑ W ☐ C ☐	分阶段
	3.2.2 舭部分段合拢	无损探伤	施工中	B ☑ W ☐ C ☐	片位、数量
	3.2.3 舷侧及甲板分段合拢	a. 结构完整性、装配质量及焊缝表面质量	施工中	B ☑ W ☐ C ☐	分阶段
		b. 无损探伤	施工中	B ☑ W ☐ C ☐	片位、数量
	3.2.4 甲板分段合拢	a. 结构完整性、装配质量及焊缝表面质量	施工中	B ☑ W ☐ C ☐	分阶段
		b. 无损探伤	施工中	B ☑ W ☐ C ☐	片位、数量
	3.2.5 舱壁及连接甲板分段合拢	结构完整性、装配质量及焊缝表面质量	施工中	B ☑ W ☐ C ☐	分阶段
	3.2.6 舱口	结构完整性、装配质量及焊缝表面质量	施工中	B ☑ W ☐ C ☐	
	3.2.7 舷墙、栏杆及护舷材	结构形式、构件尺寸、装配及焊接质量	施工中	B ☑ W ☐ C ☐	

表 6-4（续 3）

序号	验收项目	验收内容	验收阶段	检验方式	备注
	3.2.8 上层建筑及甲板室	结构形式、构件尺寸、装配及焊接质量	施工中	B ☑ W — C —	防火结构应满足图纸要求
	3.2.9 通风筒、空气管、排水孔、排水舷口	结构形式、构件尺寸、装配及焊接质量	施工中	B — W ☑ C —	
	3.2.10 无损检测	无损探伤	施工中	B ☑ W — C —	片位、数量
	3.3 船体完工验收				交验单及报告
	3.3.1 载重线及水尺标志	a. 形式及尺寸检查	标志画线后	B ☑ W — C —	
		b. 安装精度检查	标志安装后	B — W ☑ C —	
	3.3.2 船体完工后主尺度测量	总长、型宽、型深、龙骨板挠度	下水前	B ☑ W — C —	
	3.3.3 烟囱标志，船名标志	尺寸及安装精度检查	完工后	B — W ☑ C —	
	3.3.4 放泄塞	安装正确性与完整性	完工后	B — W ☑ C —	
	3.3.5 船体防腐装置	根据图纸要求	下水前	B — W ☑ C —	
	3.3.6 船体密性试验	根据密性试验图纸要求	试验时	B ☑ W — C —	
	3.3.7 船体外壳油漆	根据图纸要求	完工后	B ☑ W — C —	
4	舾装检验				交验单及报告
	4.1 舵系				
	4.1.1 舵杆、舵轴	a. 材质报告	加工前	B — W ☑ C —	产品证书
		b. 加工检查	加工后	B — W ☑ C —	
	4.1.2 舵叶	a. 材质报告	加工前	B — W ☑ C —	
		b. 内部结构完整性	封装前	B — W ☑ C —	
		c. 主要尺寸及焊缝表面质量	焊接后	B — W ☑ C —	
		d. 密性试验	试验时	B — W ☑ C —	

表 6-4(续 4)

序号	验收项目	验收内容	验收阶段	检验方式			备注
	4.1.3 舵设备安装	安装质量	安装前后	B □	W ☑	C □	
	4.1.4 舵机及舵系统	a. 舵机安装正确性	完工后	B □	W ☑	C □	产品证书
		b. 舵系统完整性	完工后	B □	W ☑	C □	
		c. 性能效用试验	系泊及航行试验	B ☑	W □	C □	
		d. 自动及应急操舵效用试验	系泊及航行试验	B ☑	W □	C □	
	4.2 锚泊系统						
	4.2.1 锚、锚链及其附件	材质报告、外观质量、钢印标志	安装前	B ☑	W □	C □	产品证书
	4.2.2 锚机	安装准确性	安装后	B ☑	W □	C □	产品证书
	4.2.3 锚系统	a. 运转试验	系泊及航行试验	B ☑	W □	C □	
		b. 抛起锚试验	系泊及航行试验	B ☑	W □	C □	
	4.3 系泊设备	安装正确性及完整性	完工后	B ☑	W □	C □	
	4.4 货舱舱口盖	a. 材质报告	施工前	B ☑	W □	C □	产品证书
		b. 安装完整性及焊接质量	完工后	B ☑	W □	C □	
		c. 密性试验	完工后	B ☑	W □	C □	
		d. 效用试验	完工后	B ☑	W □	C □	
	4.5 水密门、风雨密关闭设备(包括海底阀箱)	a. 安装完整性	完工后	B ☑	W □	C □	产品证书
		b. 密性试验	完工后	B □	W ☑	C □	
	4.6 救生设备、舷梯	a. 救生艇、起艇机、艇架、吊艇钢索、舷梯	安装前	B ☑	W □	C □	产品证书
		b. 艇架负荷、救生艇及舷梯收放试验、水上操作	系泊试验	B ☑	W □	C □	
		c. 艇内属具备品检查	系泊试验	B □	W ☑	C □	
		d. 其他救生设备及索具	安装后	B □	W ☑	C □	产品证书
	4.7 消防器材	完整性及正确性	安装后	B □	W ☑	C □	产品证书

表 6-4（续 5）

序号	验收项目	验收内容	验收阶段	检验方式	备注
	4.8 舱室防火材料	防火材料及防火结构完整性	完工前后	B □ W √ C □	产品证书
5	螺旋桨与轴系安装检验				交验单及报告
		轴系锻钢件检查	安装前	B √ W □ C □	
	5.1 螺旋桨轴	a. 产品船检证书	安装前	B √ W □ C □	提供船用产品证书、材质证书、探伤报告、加工尺寸记录
		b. 桨与轴匹配检查	机加工检查	B √ W □ C □	
	5.2 中间轴	机加工检查	安装前	B √ W □ C □	
	5.3 艉轴管	a. 材质报告	加工前	B □ W √ C □	
		b. 焊接后密性试验	焊接后	B □ W √ C □	同上
	5.4 艉轴承	机加工检查	安装前	B √ W □ C □	
	5.5 艉轴管浇注环氧树脂			不适用	
	5.6 螺旋桨	材质及加工尺寸确认	安装前	B √ W □ C □	船用产品证书
	5.7 轴系	a. 轴系找中定位	镗孔前	B √ W □ C □	提供测量记录
		b. 轴系镗孔	镗孔后	B √ W □ C □	
		c. 艉轴管滑油管安装及密性试验	安装后	B □ W √ C □	提供密试报告
		d. 艉轴管前后轴承压配	压入时	B □ W √ C □	提供测量记录
		e. 测量螺旋桨轴与轴承间隙	组装时	B □ W √ C □	提供测量记录
		f. 螺旋桨的安装	安装时	B □ W √ C □	产品证书
		g. 轴系校中与中间轴承安装	完工后	B □ W √ C □	
		h. 轴系连接螺栓材质、铰制螺栓和螺栓配合尺寸	完工后	B □ W √ C □	提供测量记录、材质报告
		i. 艉轴密封装置的安装及密性试验	安装后	B □ W √ C □	提供测量记录、产品证书
6	轮机及机舱设备安装检				交验单及报告

表 6-4(续 6)

序号	验收项目	验收内容	验收阶段	检验方式	备注
	6.1 主机安装定位	a. 主机定位	定位后	B— W☑ C—	产品证书
		b. 环氧树脂浇注	加工后	B— W☑ C—	
		c. 底脚螺栓紧固性	安装时	B— W☑ C—	
		d. 曲轴臂距差测量	动车前	B— W— C—	
	6.2 齿轮箱安装定位	a. 齿轮箱找中	安装时	B— W☑ C—	
		b. 齿轮箱垫片	安装时	B— W☑ C—	
		c. 止推装置定位安装	安装时	B— W☑ C—	
		d. 底脚螺栓的安装	安装时	B— W☑ C—	
	6.3 柴油发电机组	a. 安装完整性	完工后	B— W☑ C—	产品证书
		b. 曲轴臂距差测量	动车前、后	B— W— C—	
	6.4 应急发电机组	安装完整性	安装后	B— W☑ C—	产品证书
	6.5 空气压缩机、空气瓶及其附件	安装完整性	安装后	B— W☑ C—	产品证书
	6.6 锅炉及其附件	安装完整性	安装后	B— W☑ C—	产品证书
	6.7 机舱风机	安装完整性	安装后	B— W☑ C—	产品证书
	6.8 主推进用泵	安装完整性	安装后	B— W☑ C—	产品证书
	6.9 热交换器	安装完整性	安装后	B— W☑ C—	产品证书
	6.10 燃油、柴油及润滑油分油机	安装完整性	安装后	B— W☑ C—	产品证书
	6.11 舱底水油水分离器、生活污水处理装置	安装完整性	安装后	B— W☑ C—	产品证书
	6.12 各加热系统用泵	安装完整性	安装后	B— W☑ C—	产品证书
	6.13 生活淡水泵；热水循环泵	安装完整性	安装后	B— W☑ C—	产品证书
	6.14 压力水柜；热水柜；机舱舱柜	安装完整性	安装后	B— W☑ C—	产品证书
	6.15 加热器	安装完整性	安装后	B— W☑ C—	产品证书
7	管路系统安装检验				交验单及报告
	7.1 压缩空气、控制空气系统	a. 安装完整性	安装后	B— W☑ C—	产品证书
		b. 水压试验	安装前	B— W☑ C—	产品证书
		c. 密性试验	安装后	B— W☑ C—	

表 6-4（续 7）

序号	验收项目	验收内容	验收阶段	检验方式	备注
	7.2 燃油管系和燃油载运系统	a. 安装完整性	安装后	B □ W ☑ C □	产品证书
		b. 密性试验	安装后	B □ W ☑ C □	
	7.3 滑油系统	a. 安装完整性	安装后	B □ W ☑ C □	产品证书
		b. 密性试验	安装后	B □ W ☑ C □	
	7.4 海水、淡水冷却系统	a. 安装完整性	安装后	B □ W ☑ C □	产品证书
		b. 密性试验	安装后	B □ W ☑ C □	
	7.5 锅炉给水、蒸汽及凝水系统	a. 安装完整性	安装后	B □ W ☑ C □	产品证书
		b. 密性试验	安装后	B □ W ☑ C □	
	7.6 蒸汽加热系统	a. 安装完整性	安装后	B □ W ☑ C □	产品证书
		b. 密性试验	安装后	B □ W ☑ C □	
	7.7 全船供水管系（包括机舱供水管系）	a. 安装完整性	安装后	B □ W ☑ C □	产品证书
		b. 密性试验	安装后	B □ W ☑ C □	
	7.8 甲板排疏水管系	a. 安装完整性	安装后	B □ W ☑ C □	产品证书
		b. 密性试验	安装后	B □ W ☑ C □	
	7.9 消防水系统	a. 安装完整性	安装后	B ☑ W □ C □	产品证书
		b. 密性试验	安装后	B □ W ☑ C □	
	7.10 二氧化碳灭火系统	a. 安装完整性	安装后	B ☑ W □ C □	产品证书
		b. 密性试验	安装后	B ☑ W □ C □	
	7.11 应急消防系统	a. 安装完整性	安装后	B ☑ W □ C □	产品证书
		b. 密性试验	安装后	B ☑ W □ C □	
	7.12 压载系统	a. 安装完整性	安装后	B □ W ☑ C □	产品证书
		b. 密性试验	安装后	B □ W ☑ C □	
	7.13 舱底水系统	a. 安装完整性	安装后	B □ W ☑ C □	产品证书
		b. 密性试验	安装后	B □ W ☑ C □	
	7.14 液压系统	a. 安装完整性	安装后	B □ W ☑ C □	产品证书
		b. 密性试验	安装后	B □ W ☑ C □	
	7.15 全船测深、注入、透气管	a. 安装完整性	安装后	B □ W ☑ C □	产品证书
		b. 密性试验	安装后	B □ W ☑ C □	
8	电气、报警、控制检验				交验单及报告
	8.1 电缆敷设	各区域电缆敷设完整性	安装后	B □ W □ C ☑	产品证书

表 6-4(续 8)

序号	验收项目	验收内容	验收阶段	检验方式			备注
	8.2 舱壁甲板、水密耐火舱壁电缆贯穿装置	水密、耐火舱壁填料盒检查	安装后	B □	W □	C ☑	
	8.3 主配电板、应急配电板	安装正确性	安装后	B □	W □	C ☑	产品证书
	8.4 充放电板、蓄电池	安装和布置的正确性	安装后	B □	W □	C ☑	产品证书
	8.5 报警系统(包括驾驶室报警系统、全船火灾报警系统、二氧化碳排放报警系统、集合警铃等)	安装和布置的正确性	安装后	B □	W □	C ☑	产品证书
	8.6 辅助电动机及其控制设备(包括舵机、锚机、消防泵、应急消防泵、压载泵、舱底泵、绞缆机等)	安装和布置的正确性	安装后	B □	W □	C ☑	产品证书
	8.7 机舱风、油紧急切断	安装和布置的正确性	安装后	B □	W □	C ☑	产品证书
	8.8 正常照明	安装和布置的正确性	安装后	B □	W □	C ☑	产品证书
	8.9 应急照明、临时应急照明	安装和布置的正确性	安装后	B □	W □	C ☑	产品证书
	8.10 航行设备、无线电设备、信号设备	安装和布置的正确性	安装后	B □	W □	C ☑	产品证书
9	系泊试验						
	9.1 轮机及机舱设备效用试验						交验单及报告
	9.1.1 主机运转试验	a. 主机报警安全装置试验	系泊及航行试验	B □	W ☑	C □	
		b1.检查主机附属泵与管系的工作情况,b2.供油单元	系泊及航行试验	B □	W ☑	C □	
		c.主机操纵试验	系泊及航行试验	B ☑	W □	C □	

表 6-4(续 9)

序号	验收项目	验收内容	验收阶段	检验方式			备注
	9.1.1 主机运转试验	d. 主机运转试验	系泊及航行试验	B ✓	W —	C —	
		e. 曲轴臂距差测量	主机试验后	B —	W —	C —	
	9.1.2 主发电机组及停泊发电机组	冷车启动试验	系泊试验	B ✓	W —	C —	
	9.1.3 应急发电机组	冷车启动试验	系泊及航行试验	B ✓	W —	C —	
	9.1.4 空气压缩机	a. 安全阀及安全装置试验	系泊试验	B —	W ✓	C —	产品证书
		b. 效用试验(包括充气试验)	系泊试验	B ✓	W —	C —	
	9.1.5 空气瓶	b. 安全阀检验	试验时	B —	W ✓	C —	
	9.1.6 辅锅炉及废气锅炉	a. 系统密性试验	系泊试验	B —	W ✓	C —	产品证书
		b. 运行试验	系泊及航行试验	B —	W ✓	C —	
		c. 安全阀的试验	系泊及航行试验	B —	W ✓	C —	
	9.1.7 电动机驱动的泵(为主机、辅机、锅炉、轴系等服务的各种泵)	效用试验	系泊试验	B —	W ✓	C —	产品证书
	9.1.8 舱底水油水分离器	效用试验	系泊试验	B —	W ✓	C —	产品证书
	9.1.9 污水处置	效用试验	系泊试验	B —	W —	C —	产品证书
	9.1.10 机舱风机	a. 效用试验	系泊试验	B —	W ✓	C —	产品证书
		b. 遥控试验	系泊试验	B —	W ✓	C —	
	9.1.11 消防泵及应急消防泵	效用试验	系泊试验	B ✓	W —	C —	
	9.1.12 分油机	效用试验	系泊试验	B —	W ✓	C —	
	9.2 管路系统效用试验						交验单及报告
	9.2.1 二氧化碳灭火系统	a. 称重及畅通性试验	系泊试验	B ✓	W —	C —	
		b. 报警功能试验	系泊试验	B ✓	W —	C —	

表 6-4（续 10）

序号	验收项目	验收内容	验收阶段	检验方式			备注
9.2.2 压缩空气、控制空气管系		a. 安全阀、减压阀试验	系泊试验	B □	W ☑	C □	
		b. 效用试验	系泊试验	B □	W ☑	C □	
9.2.3 燃油管系		效用试验	系泊试验	B □	W □	C ☑	燃油速闭阀安装与试验
9.2.4 滑油管系		效用试验	系泊试验	B □	W ☑	C □	
9.2.5 海水、淡水冷却管系		效用试验	系泊试验	B □	W □	C ☑	
9.2.6 锅炉给水、蒸汽及凝水管系		效用试验	系泊试验	B □	W ☑	C □	
9.2.7 蒸汽加热管系		蒸汽畅通性试验	系泊试验	B □	W □	C ☑	
9.2.8 水消防管系		效用试验	系泊试验	B □	W ☑	C □	
9.2.9 压载水管系、舱底水系统		效用试验	系泊试验	B □	W □	C ☑	
		应急吸口效用试验	系泊试验	B □	W □	C ☑	
9.3 电气、报警、控制效用试验							交验单及报告
9.3.1 主配电板、应急配电		a. 测量绝缘电阻	系泊试验	B □	W ☑	C □	
		b. 保护装置试验	系泊试验	B ☑	W □	C □	
		c. 功能试验	系泊试验	B ☑	W □	C □	
9.3.2 主发电机组及停泊发电机		a. 报警装置试验	系泊试验	B ☑	W □	C □	产品证书
		b. 测量绝缘电阻	系泊试验	B □	W ☑	C □	
		c. 负荷特性试验	系泊试验	B ☑	W □	C □	
		d. 并联运行试验	系泊试验	B ☑	W □	C □	
		e. 自动运行试验	系泊试验	B ☑	W □	C □	
9.3.3 应急发电机组		a. 报警装置试验	系泊试验	B ☑	W □	C □	产品证书
		b. 测量绝缘电阻	系泊试验	B □	W ☑	C □	
		c. 负荷特性试验	系泊试验	B ☑	W □	C □	
9.3.4 充放电板及蓄电池充放电试验		效用试验	系泊试验	B □	W □	C ☑	
9.3.5 探火和失火及报警系统		效用试验	系泊试验	B ☑	W □	C □	
9.3.6 辅助电动机及其控制设备		a. 测量绝缘电阻	系泊试验	B □	W ☑	C □	
		b. 效用试验	系泊试验	B □	W □	C □	

表 6-4(续 11)

序号	验收项目	验收内容	验收阶段	检验方式	备注
	9.3.7 机舱风、油紧急切断	效用试验	系泊试验	B √ W — C —	
	9.3.8 正常照明	a. 测量绝缘电阻	系泊试验	B — W √ C —	
		b. 效用试验	系泊试验	B — W — C √	
	9.3.9 应急照明、临时应急照明	a. 测量绝缘电阻	系泊试验	B — W √ C —	
		b. 效用试验	系泊试验	B √ W — C —	
	9.3.10 航行设备、无线电设备、信号设备	效用试验	系泊及航行试验	B — W √ C —	产品证书
	9.3.11 船内通信系统试验	效用试验	系泊及航行试验	B √ W — C —	
10	倾斜试验	测定船舶质量、重心	试验时	B √ W — C —	倾斜试验核准或免除
11	系泊试验	试验大纲内容	试验时	B √ W — C —	交验单及报告
12	航行试验	试验大纲内容	试验时	B √ W — C —	交验单及报告

船东代表：　　　　　　　　　船厂或报检方：　　　　　　　　　验船师：

任务三　造船质量管理的现状与特点

【活动一】　知识准备

船厂是一个庞大而又复杂的组织,每天都会产生大量的信息,这些信息必须得到有效管理和应用才能充分发挥作用,才能向船东提供高质量的产品和服务。一个设计严谨、控制得当的质量管理体系是保证产品质量和提高企业竞争力的重要因素。目前我国造船企业质量管理的现状和特点如下。

一、造船质量管理的特点

船舶建造是一项大型、复杂的系统工程,生产过程中既有大量零部件的加工制造,又有繁杂的逐级装配,大量既离散又相关的质量信息汇聚在建造过程中,并以手工记录的方式分散在各职能部门。如何促进船舶建造过程中各类质量信息的有效沟通,以及如何利用这些信息管理产品质量,一直是各造船企业质量管理亟待解决的问题。要提高造船企业质量管理水平,首先要明确船舶建造质量管理的特点。对船舶建造而言,其质量管理主要有如下特点。

1. 船舶产品对质量要求很高

船舶产品被称为是海上浮动的城市,船舶产品质量的好坏对人类的生命财产安全具有重要影响,也对日益严重的海洋环境构成污染威胁,因此,船东、船级社对产品建造过程质量要求非常严格。

2. 船舶建造质量管理工作量巨大

船舶不仅产品结构复杂,而且建造过程复杂、建造周期长,受天气等不可控因素影响大,质量管理部门不仅要对整个建造过程进行质量检验,还要对外负责质量问题的报告,另外,还涉及大量的供应商和外协商,因此质量管理工作量巨大。

3. 船舶建造质量信息的重复率低

由于产品标准化程度低,完全相同的订单很少,船在设计、大小、尺寸、形状上变化程度大,因此,可以借鉴的质量信息经验数据很少,每个订单都要面对和解决不同的质量问题。

4. 船舶建造过程中需要协调质量与进度的冲突

船东对产品交货期要求非常严格,造船企业在控制交货期的过程中,往往会产生质量和进度的矛盾。而船舶产品的质量要求很高,质量管理必须协调质量与进度的冲突。

5. 船舶建造质量信息传递方式多样,质量信息管理零乱

手工管理下质量管理人员往往按照个人习惯或者偏好传递信息,在生产现场更多的是以口头的方式来传递信息,很多时候通过电话反馈信息,质量信息传递方式多样,质量信息出现零乱。

6. 船舶建造质量管理涉及的部门多

船舶企业管理涉及设计管理、成本管理、物料管理、安全管理、生产现场管理、人员管理等各个方面,而这些都直接或间接地影响船舶建造的质量管理,因此,质量管理涉及的部门多。

二、造船质量管理的现状

质量管理涉及船舶制造企业所有的职能部门,由于信息不能及时、准确地传递,因此,船舶制造企业的质量管理普遍存在以下问题。

1. 技术把关不严,质量管理水平低

我国造船企业的焊接一次性 X 射线拍片合格率只有 90% 左右,存在多次返工现象,而日本和韩国造船企业的焊接一次性 X 射线拍片合格率可达到 95%～98%;我国造船企业的无错误预装率一般为 70% 左右,需在后道工序中矫正,而日本和韩国造船企业的无错误预舾装率可达到 95%。

2. 质量管理处于被动

一方面源于造船企业内部质量管理,由于造船企业工序错误率高而导致员工劳动效率低,存在扯皮现象;没有形成质量管理良好的人文氛围,质量管理水平低,依靠船东和船级社的检验把关,质量成本意识薄弱。另一方面源于船东对设计方及供应商的指定,使造船企业的质量管理处于被动,在船东指定设计方的情况下,通常因为双方信息的不透明,造船企业难以控制设计的质量与进度,再加上设计方不顾及船厂的实际生产能力,给企业的质量管理带来很大的困难;而在船东指定供应商的情况下,在原材料和设备的质量管理上,往往由于船东的干涉而对正常的工作程序产生影响。

3. 质量管理体系与实际生产不一致

我国大部分造船企业均已按 ISO 9000 标准建立了质量管理体系并已获得其认证。造船企业制定了大量的质量体系文件,包括手册、程序文件、作业指导书、记录表格等,管理人员和工人都在忙于应付复杂、详细的管理体系文件,而不是用体系指导工作,导致管理体系要求与实际工作相脱离,即出现"两重皮"现象。

4. 对原材料、设备供应商、外协商不能准确的评价

总装造船是现代造船的发展趋势,不仅大量的设备需要外部供货商提供,而且分段、舱口盖、舾装单元等也由企业外协完成,造船企业要求供应商和外协企业按规定的质量、时间供货。然而,由于企业内各职能部门及生产车间信息的不流通,往往使得质量管理部门不能有效地对供应商、外协商做出及时、合理和有效的评价。

5. 检验人员及技术工人匮缺

造船企业间人才流动大,专业的检验人员和有经验的技术工人短缺,而生产任务繁重,导致企业的质量检验员只能顾及关键工序的检验。同时,造船企业大量使用外包工,人员素质及技能参差不齐,进一步加大了质量管理的难度,导致质量成本上升。

6. 质量信息内容、信息传递渠道不规范

质量检验员往往按照个人的理解填写检验报告,没有统一的规范;质量信息的传递有电话、传真、表单等渠道,没有固定的方式,质量检验员往往从处理问题的便捷性来决定使用何种渠道,因此很难全面、系统地收集质量信息。

7. 顾客满意度监控困难

ISO 9000 质量管理体系强调顾客满意度,对于造船企业来说船东的满意度监控难度很大。船东直接接触的部门较多,从合同洽谈、技术规格书的准备、材料与设备的选型与采购、设计工艺文件的准备,到生产过程控制、检验、售后服务等部门都会与船东、船检有着联系。在船舶建造过程中,没有一个针对双方的信息跟踪监控系统,企业也很难准确地全面了解顾客对船舶建造质量的满意度。

以上诸多质量管理问题的存在,使得我国建造的船舶质量不高,进而限制了我国整个船舶行业核心竞争能力的提升。

新型质量管理模式要求以质量管理部门为中心,以各相关部门,包括企业内部(物资部、技术部、生产管理部、制造部)和企业外部(供应商、船东、船级社、设计院)为信息源,构建面向产品全生命周期的质量控制和管理体系。

【活动二】 某船厂质量管理制度

一、目的

为保证质量管理工作的顺利开展,及时发现问题,并且迅速处理问题,以确保提高产品质量,使之符合市场的需要,特制定本制度。

二、适用范围

本制度适用于本厂范围内所有与质量有关的活动。

三、实施

(1)原材料、设备、外购件的采购、保管和使用。

(2)原材料购入时,其质量必须符合图纸规定的质量标准,采购供应人员应先做到严格按质量要求订货、采购与运输,并加强物资进厂的检查验收保管工作,力求做到不合格的原材料不采购、不验收入库、不投入生产。

(3)对进厂的各种钢材、设备与外购件应有生产单位的合格证,合格后方可验收入库,发放投入生产。

(4)对于未以检验或检验不合格的原材料、设备及外购件不准投入生产。否则造成质量事故要追究责任。对造成较大经济损失者,给予经济处罚。

(5)仓库保管员要做好管理及质量把关工作,要按品种、规格、型号、批量定点堆放,严防混杂。

(6)对外购件进厂应由仓库报检,由质量部门按质量标准和订货合同进行逐件验收,如不符合,通知收货单位拒收。

(7)各类机械设备,动力装置及吊装设备、工具应由有关部门(如安全部门等)进行检查验收,并要有产品质量保证书和说明书。

四、制造过程质量检验

(1)生产部船舶开工前必须组织施工人员熟悉图纸、工艺及标准。

(2)各节点形式必须按照标准或规范在施焊前切割并打磨好,对焊接变形较大的构件,在施焊前做好必要的加强。

(3)加工、下料:必须按材质的要求,确认无误。对下料加工件的缺陷及时修正,自由边必须按规定打磨好。

(4)焊接中出现的咬边、气孔、夹渣、漏焊等严重质量问题需及时指出并处理。

(5)对生产过程中影响质量的因素进行严格控制,尽量做到把影响质量隐患和因素消灭在生产过程中,做到查明原因、分清责任、落实措施。

(6)加强督促检查工作,督促班组遵守岗位责任制,督促班组进行互检互查。施工中做好尺寸复测工作,做好各工序的质量检验。

(7)认真做好工具设备的质量管理工作,质量管理人员应对工艺设备加强检查执行标准,不符合标准的不准使用,发现问题,排除故障,使工具设备处于良好状态。

(8)质量检验人员应认真做好质量验收工作,对查出的质量问题要及时指出、记录并提出整改方案督促施工人员整改。

(9)质检部应定期召开质量分析会议,对已出现的质量问题找出原因,采取措施,进行质量攻关,消灭质量隐患,防止再发生同类问题。对可能出现的质量问题要反复强调,避免出现在后面的工作过程中。

五、船舶出厂交付

(1)船舶在出厂前由质检部严格按产品设计图纸和产品质量标准,规范陪同船检对船舶进行全面质量检查和测试工作。测试包括船舶倾斜试验、密性试验、稳性试验、系泊试验、航行试验等。

(2)船舶交付使用后,应及时将船舶质量证件、技术资料、施工记录、测试结果等存档,以做到产品设计、制造配套质量的可追踪性。

【课后习题】

一、单选题

1.在质量教育培训内容中_____是指质量意识教育包括有关质量方针、政策、职业道德、质量事故分析教育等。

A.质量意识教育　　B.质量管理教育　　C.基础技术和专门技术教育

2.在质量教育培训内容中_____是指质量管理教育包括全面质量管理的基本理论和基本方法、质量管理先进经验、质量体系、质量职能、质量成本、质量信息、可靠性管理、数理统计方法、计算机辅助质量管理等。

A.质量意识教育　　B.质量管理教育　　C.基础技术和专门技术教育

3.在质量教育培训内容中_____是指基础技术和专门技术教育,包括新职工进厂后的上岗技术培训,新工艺、新技术等专业技术培训,检验员、计量检定员、无损探伤人员、器材保管员、特殊工艺操作人员的资格考核发证和持证上岗教育等。

A.质量意识教育　　B.质量管理教育　　C.基础技术和专门技术教育

4.在质量检验过程中,检验单据、检验记录、检验印章、检验用的标记标签、检验报表等属于_____。

A.资料准备　　　　B.业务准备　　　　C.软件准备

5.在质量检验过程中,检验设施、计量器具及测试设备的准备属于_____。

A.资料准备　　　　B.业务准备　　　　C.硬件准备

6.检验人员应熟悉各项产品的要求和文件属于_____。

A.资料准备　　　　B.业务准备　　　　C.硬件准备

7.在质量事故处理中,造成重大经济损失或发生人身伤亡构成犯罪的,应依法追究责任人员责任,属于_____。

A.法律手段　　　　B.行政手段　　　　C.经济手段

8.在质量事故处理中,按有关规定,根据质量事故的严重程度和原因,给予责任者以开除、留厂察看、撤职、降级、记过或警告等行政处分,属于_____。

A.法律手段　　　　B.行政手段　　　　C.经济手段

9. 日本和韩国造船企业的焊接一次性 X 射线拍片合格率可达到_____。

A. 95% ~ 98%　　　　　B. 90% ~ 95%　　　　　C. 85% ~ 90%

10. 日本和韩国造船企业的无错误预舾装率可达到_____。

A. 70%　　　　　　　B. 95%　　　　　　　C. 100%

二、判断题

1. 为了加强设计质量,在各设计阶段均应积极采用国际标准、国外先进标准、国家标准、专业标准和工厂标准及通用图,缩短设计周期。　　　　　　　　　（　　）

2. 外购、外协材料、元件和零部件是直接购买的成品,不需要造船厂检验。　　（　　）

3. 制造过程需要加强质量检验工作,发挥把关、预防和反馈作用,保证不合格的原材料不投产、不合格的零部件不转工序、不合格的成品不出厂,使出厂的产品都符合规定的质量标准和要求。　　　　　　　　　　　　　　　　　　　　　（　　）

4. 所谓关键工序是指"对产品质量起决定性作用的工序"。　　　　　　　（　　）

5. 不合格品是不满足规定要求的产品。不合格品应直接报废。　　　　　（　　）

6. 质量指标考核分为三级,即船舶总公司对工厂、工厂对车间、车间对工段班组。（　　）

7. 对在全面质量管理过程中做出显著成绩的个人和部门给予奖励。　　　（　　）

8. 为了保证产品质量,企业质量检验工作的基本任务之一,就是从采购物资进厂到产品出厂的各个环节中,组织好对不合格品的控制,防止使用未经适当处理的不合格品。　（　　）

9. 发生质量事故后,应做到责任者不查清不放过,原因不查明不放过,纠正措施不落实不放过。　　　　　　　　　　　　　　　　　　　　　　　　　（　　）

10. 停止生产令:就是在生产过程发生异常或生产产品发现批量不合格时下达的一种暂时中断生产的命令。　　　　　　　　　　　　　　　　　　　　　（　　）

11. 船舶制造是一个极其复杂的过程,只要管控最后的结果就行,中间过程不需要质量检验。　　　　　　　　　　　　　　　　　　　　　　　　　　　　（　　）

12. 检验合格者,可按检验程序办理入库、转序或交付出厂手续。　　　　（　　）

13. 检验不合格者,要做出标识,直接报废。　　　　　　　　　　　　（　　）

14. 重大质量事故的全部材料,由质量检验部门汇总后销毁。　　　　　（　　）

15. 船东、船级社对船舶建造质量的要求非常高。　　　　　　　　　　（　　）

16. 船舶建造质量管理工作量巨大。　　　　　　　　　　　　　　　　（　　）

17. 造船企业内部工序错误率高从而导致员工劳动效率低。　　　　　　（　　）

18. 企业内各职能部门及生产车间信息的不流通,使得质量管理部门不能有效地对供应商、外协商做出及时、合理和有效的评价。　　　　　　　　　　　　　（　　）

19. 造船企业大量使用外包工,增加劳动力数量,一定不会导致质量成本上升。（　　）

20. 质量检验员往往按照个人的理解填写检验报告,方便灵活一般不会导致很难全面、系统地收集质量信息。　　　　　　　　　　　　　　　　　　　　　（　　）

21. 质量管理问题会导致船舶质量不高,进而限制了船舶行业核心竞争能力的提升。

　　　　　　　　　　　　　　　　　　　　　　　　　　　　　（　　）

22. 船舶建造质量信息的重复率低。　　　　　　　　　　　　　　　　（　　）

项目7 造船成本管理

【项目描述】

船舶为综合性的工业产品,由于种类、用途、入级、航区、挂旗的不同,组成船舶建造成本的项目也不一致,成本分类习惯各国各厂亦不尽相同,船舶建造成本是指船厂为建造该船发生的一切直接和间接费用的总和。

造船成本预控管理是着眼于计划管理、目标成本的预算管理;造船企业全过程成本控制,是指将成本控制的起始点延伸到造船企业的经营报价和设计阶段,即主要成本形成阶段,通过从项目的起点开始,直到项目完成交付的整个过程的成本控制,使成本能够在最佳时间点得到控制,并能够实时动态反馈,从根本上保证造船企业目标利润的实现。

【船舶故事】

2020年11月10日,马里亚纳海沟,载有3名潜航员的"奋斗者"号成功坐底,下潜深度达10 909 m,创造了中国载人深潜新纪录,达到世界领先水平。

从"蛟龙"号,到"深海勇士"号,再到"奋斗者"号,向深海进军,中国起步虽晚,却迎头赶上。这背后是载人深潜团队无数日夜的接续奋斗,他们践行"严谨求实、团结协作、拼搏奉献、勇攀高峰"的中国载人深潜精神,为科技创新树立了典范。

先后担任"蛟龙"号主任设计师和首席潜航员、"深海勇士"号副总设计师、"奋斗者"号总设计师的叶聪,见证了我国载人深潜的每一次跨越。

2009年起,叶聪驾驶"蛟龙"号进行了数十次下潜。茫茫海面上,经历过潜水器与母船"失联";5 000 m深海中,机械臂突然断裂造成油污泄漏让潜水器成了"睁眼瞎";7 000 m的海底,大量沉积物覆盖采样篮让"蛟龙"号难以作业……面对一次次险情,他从未退缩,为中国潜航事业积累了珍贵的一手资料。

与载人航天一样,载人深潜也秉持"一棒接着一棒跑"的传统,形成了一批领军科学家队伍。徐芑南、何春荣、胡震、杨申申、杨波……载人深潜事业快速发展的背后,伴随着他们大胆决策、锐意攻关、无惧风险的奋斗身影。

任务一   船舶建造成本

【活动一】   知识准备

一、企业成本管理

所谓成本管理,是企业根据一定时期预先建立的成本管理目标,由成本管理主体在其职权范围内,在生产耗费发生以前的过程中,对各种影响成本的因素和条件采取的一系列预防和调节措施,以保证成本管理目标实现的管理行为。它包括成本预测、成本计划、成本控制、成本核算、成本考核和成本分析等六个环节。这些环节按成本发生的时间先后分为事前控制、事中控制和事后控制。事前控制进行成本预测和成本计划,对控制核算提出要求;事中控制进行成本控制和成本核算,为分析、考核提供依据;事后控制进行成本考核和成本分析,对预测计划提供信息。

1. 成本管理的对象

成本管理对象是与企业经营过程相关的所有资金耗费。既包括财务会计计算的历史成本,也包括内部经营管理需要的现在和未来成本;既包括企业内部价值链内的资金耗费,也包括行业价值链整合所涉及的客户和供应商的资金耗费。

成本管理的对象最终是资金流出。但是具体到每个企业的成本管理系统,成本管理的对象还是有所不同。传统的简单加工型小企业的成本管理仅限于进行简单的成本计算,其成本管理对象也就限定在企业内部所发生的资金耗费。而自身处于激烈竞争的大型企业为赢得竞争,必须关注企业的竞争对手和潜在的所有利益相关者,因此其成本管理对象也就突破了企业的界限,凡是和企业经营过程相关的资金消耗都属于成本管理的范围。

2. 成本管理的目标

成本管理的基本目标是提供信息、参与管理,但在不同层面又可分为总体目标和具体目标两个方面。

(1)成本管理的总体目标

成本管理的总体目标是为企业的整体经营目标服务,具体来说包括为企业内外部的相关利益者提供其所需的各种成本信息以供决策和通过各种经济、技术和组织手段实现控制成本水平。在不同的经济环境中,企业成本管理系统总体目标的表现形式也不同,而在竞争性经济环境中,成本管理系统的总体目标主要依竞争战略而定。在成本领先战略指导下,成本管理系统的总体目标是追求成本水平的绝对降低;而在差异化战略指导下,成本管理系统的总体目标则是在保证实现产品、服务等方面差异化的前提下,对产品全生命周期成本进行管理,实现成本的持续性降低。

(2)成本管理的具体目标

成本管理的具体目标可分为成本计算的目标和成本控制的目标。成本计算的目标是为所有信息使用者提供成本信息,包括外部和内部使用者提供成本信息。外部信息使用者需要的信息主要是关于资产价值和盈亏情况的,因此成本计算的目标是确定盈亏及存货价值,即按照成本会计制度的规定,计算财务成本,满足编制资产负债表的需要。而内部信息使用者利用成本信息除了了解资产及盈亏情况外,主要是用于经营管理,因此成本计算的目标即通过向管理人员提供成本信息,借以提高人们的成本意识,通过成本差异分析,评价管理人员的业绩,促进管理人员采取改善措施;通过盈亏平衡分析等方法,提供管理成本信息,有效地满足现代经营决策对成本信息的需求。

成本控制的目标是降低成本水平。在历史的发展过程中,成本控制目标经历了通过提高工作效率和减少浪费来降低成本,通过提高成本效益比来降低成本和通过保持竞争优势来降低成本等几个阶段。到现在在竞争性经济环境中,成本目标因竞争战略而不同。成本领先战略企业成本控制的目标是在保证一定产品质量和服务的前提下,最大限度地降低企业内部成本,表现在对生产成本和经营费用的控制。而差异化战略企业的成本控制目标则是在保证企业实现差异化战略的前提下,降低产品全生命周期成本,实现持续性的成本节省,表现为对产品所处生命周期不同阶段发生成本的控制,如对研发成本、供应商部分成本和消费成本的重视和控制。

3. 成本管理内容

成本管理由成本规划、成本计算、成本控制和业绩评价四项内容组成。成本规划是根据企业的竞争战略和所处的经济环境制定的,也是对成本管理做出的规划,为具体的成本管理提供思路和总体要求。成本计算是成本管理系统的信息基础。成本控制是利用成本计算提供的信息,采取经济、技术和组织等手段实现降低成本或成本改善目的的一系列活动。业绩评价是对成本控制效果的评估,目的在于改进原有的成本控制活动和激励约束员工和团体的成本行为。

4. 成本管理的功能

随着环境条件的变化,成本管理系统的功能也在发生变化。但总的来说,成本管理主要有三项功能,为定期的财务报告服务,计算销售成本和估计存货价值;估计和预测作业、产品、服务、客户等成本对象的成本;为企业提高业务效率、进行战略决策提供经济信息和反馈。

二、船舶建造成本

1. 定义

船舶建造成本是指船厂为建造该船发生的一切直接和间接费用的总和,其中包括船厂固定资产投资的回收、折旧、利用率、开工率、原材料利用率、流动资金总额及周转率、劳动生产率、日资金消耗、直接购入和间接购入的财务安排及储运费用等。

2. 船舶建造成本组成

船舶为综合性的工业产品,由于种类、用途、入级、航区、挂旗的不同,组成船舶建造成本的项目也不一致,成本分类习惯各国各厂亦不尽相同,但其主要组成部分皆为原材料、配套设备、劳务费用,占建造成本的75%~89%。无论何种方式分类,都应包含成本发生的全部项目。船舶建造成本的构成通常有如下两种表达方式:

（1）按财务结算划分(图7-1)

船舶建造成本=劳务费+配套设备费+原材料费+管理费

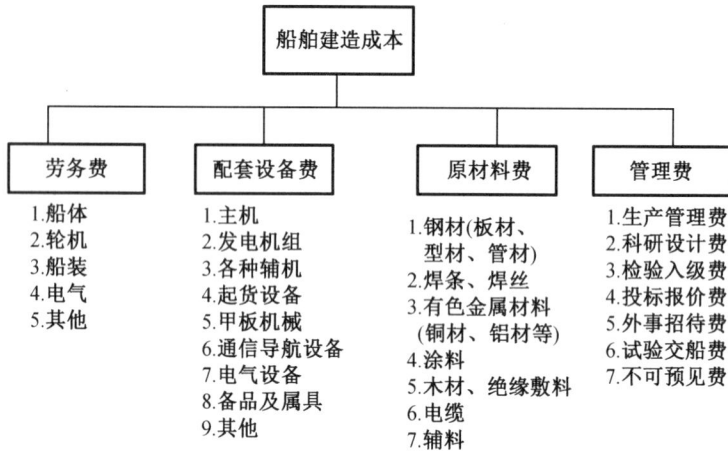

图7-1 船舶建造成本组成(按财务结算划分)

（2）按专业划分(图7-2)

建造成本=舾装费+电气费+轮机费+船体费+属具、备品费+生产专用费+其他费用

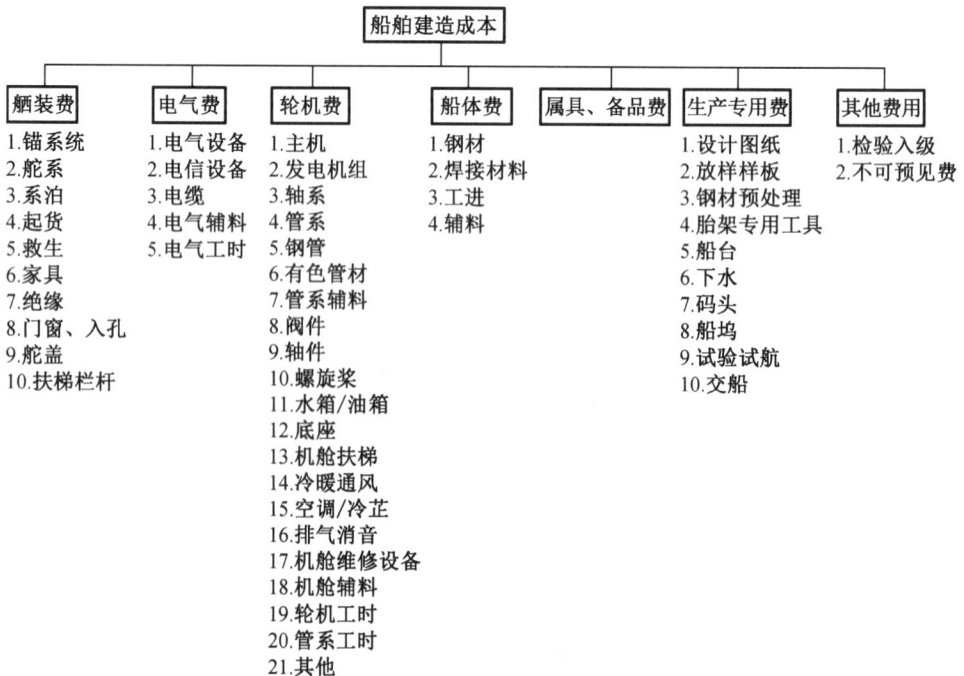

图7-2 船舶建造成本组成(按专业划分)

3. 船舶建造成本比例

不同类型、不同技术要求和不同标准的船舶,其成本组成的比例各不相同,举例如下。

(1)某干货船成本组成

原材料26%+配套设备44%+劳务费14%+专用费7%+自制件9%=100%

(2)某内河油船成本组成

钢料29.24%+设备41.46%+人工18.02%+专项费用8.81%+辅助材料2.47%=100%

世界主要造船国家的货船成本组成比例见表7—1。

表7—1 世界主要造船国家和地区的货船成本组成比例   单位:%

分类	国家和地区					
	中国	中国台湾地区	日本、韩国	西欧、美国	东欧	巴西、新加坡
原材料	24~28	22~24	23~25	20~23	21~23	23~26
配套设备	42~46	43~47	32~38	30~34	34~37	33~37
劳务费	12~15	18~20	20~25	30~36	16~18	17~21
专用费	6~8	8~10	9~11	10~12	11~13	10~12
管理费		6~8	5~7	7~9		6~7
自制费	8~10	5~7	5~7		6~8	5~7
合计	100	100	100	100	100	100

以原材料、配套设备、劳务费为100%,各项成本比例:原材料费26%~33%,配套设备费45%~52%,劳务费24%~26%。

以原材料费为100%,则一般干货船的原材料组成比例:主船体钢材(含钢板和型材)65%~70%、管材2%~3%、电缆7%~8%、绝热及隔热材料7%~8%、油漆5%~6%、辅助材料4%、其他材料(含铸锻件)3%。

以全部外购配套设备费为100%,则下列各设备占外购配套设备费用为:主机与变速齿轮箱22%~29%、电站5%~6%、推进装置及轴系2.8%~3.2%、冷藏、空调及通风2.5%~3%、导航、通信及电器9%~9.5%,甲板机械28%~35%。

在成本组成中,轮机工程占40%左右,且项目繁杂,轮机工程含主机、辅机、管系、轴系与螺旋桨、调试与试航、各种设施与人工费等。轮机工程费用中各项目比例如表7—2所示。

表7—2 轮机工程费用中各项目比例   单位:%

项目	散货船	集装箱船	油船
主机	40	42	40
辅机	20	18~20	20~22
管系	18	18	18~20
轴系与螺旋桨	7	8	8

表 7-2(续)

项目	散货船	集装箱船	油船
调试与试航	3	2	5
各种设施与人工费	12	10~12	8

4.船舶建造成本分析

(1)船厂内部生产成本分析

将船厂内部生产成本 c、d、e、f 四项相加,合计为全部成本的 36.90%。其中 f 是船厂内部生产成本的一部分,包括各项生产辅助费用及费用摊销。具体计算如表 7-3 所示。

表 7-3　内部成本分析

项目	比例
c:厂区内协力工	8.00%
d:船厂直接员工	16.50%
人工合计:24.50%	
e:固定资产折旧	2.1%
f:其他	10.3%
内部成本总计:36.90%	

表 7-3 中还可以看到人工成本占船厂内部生产成本的 66.40%。可见该船厂的人工成本相当高。一般情况下,船厂的人工成本占内部生产成本应该有一个相对固定的比例,如果大于这一固定比例,就表示船厂生产成本的控制处于不稳定状态。国内船厂的人工成本一般占内部成本的 40%~50%,而国内最好船厂的人工成本约占内部成本 20%。

这 36.90% 的内部生产成本是船厂生产增加值的重要组成部分,而生产增加值是船厂产生经济效益的源泉。只有在生产增加值消化了船厂内部的各项费用后,如营业、管理、财务、船厂内部生产成本以及其他各种费用摊销等,才能产生利润。因此,内部生产成本占生产增加值的比例是非常重要的指标。如果内部生产成本比例太大,船厂消化其他费用的能力就差,利润水平就低。如果要提高利润水平,就必须增加销售收入,降低内部生产成本,或者双管齐下。

同样,船厂为提高生产效率,进行技术改造投资时,还要考虑降低人工成本。如果,技术改造投资完成,而人工成本降低滞后,就会直接影响船厂的利润水平。因为,投资会产生折旧、费用分摊和财务利息等。所以,技术改造投资必须要和人工成本降低的目标同时实施。

一般有三种情况会直接影响造船人工成本的变化。

一是,生产设施的好坏。比如一个自动化程度较高的船厂的直接人工成本就会比较少。

二是,采购数量的多少。造船成本的 60% 左右是由采购构成的,采购量越大,直接人工成本消耗就越低。比如,一个大而全、小而全船厂的人工成本消耗就一定比一个总装船厂的要大。

三是,生产批量的大小。建造批量标准船型的人工成本消耗肯定要比首制新船型的要低。

2. 外部采购/协作成本分析(表 7-4)

表 7-4　外部采购/协作成本计算

项目	比例
a:物资供应商	53.90%
b:外协合作厂家	9.20%
c:厂区内协力工	8.00%
外部成本总计:71.10%	

从表 7-4 中可以得出这部分成本为 71.10%,其中材料设备采购占整个项目成本的 53.90%,说明物资采购和库存管理是船厂最重要的生产活动。由于许多造船的主要材料和机电设备是非常市场化的商品,在国际市场上竞争非常激烈。由于受市场的制约,船厂面对市场的机会是均等的。因此,船厂很难在材料设备的采购成本方面有独特的竞争能力。船厂只能通过优化设计,降低设计成本,减少材料使用量,提高材料利用率,来降低采购成本。但是,对于现代造船来说,可以将一些生产批量较小、生产效率较低的舾装件,通过外协合作,分包给船厂周边一些更有生产优势的舾装件专业工厂去做,以获取更低的制造成本。这已逐步成为日韩和国内一些大船厂的一种生产趋势。一些船厂不但把小的舾装件分包出去做,如系缆柱、油水柜、机座机架、通风筒、烟囱、桅杆、舱盖等,而且还把涂装和内装分包出去,甚至把艏艉分段和上层建筑也分包出去。这样,船厂可以集中精力进行总装造船,利用更多的资源去扩大生产总量。因此,随着发展,今后外协合作厂家的成本比例有可能逐步扩大。同样,为了降低船厂直接的人工成本,船厂正在逐渐聘用更多的外部协力工或季节工。目前,国内一些船厂协力工完成的工时比例已经达到总工时数的 50% 左右,甚至更高。

3. 重点作业区分成本分析

首先,看一下单项成本最大的前五项生产作业区分情况,以表 7-5 为例。

表 7-5　重点作业区分成本分析

序号	项目	比例
1	船上安装	45.6%
2	板材加工	11.50%
3	总段制造	7.70%

表 7-5（续）

序号	项目	比例
4	分段制造	5.80%
5	船体合拢	5.50%
前五项总计		76.10%

　　对于这样的常规系列标准船型来说，成本最大前五项生产作业占全部成本的76.10%，就是扣除列a的材料设备采购成本，这五项作业区分的成本还占28.60%（表7-6），可见这五项生产作业是造船生产成本管理的重点。

表 7-6　前五项生产作业成本分析

		含a	a	不含a
1	船上安装	45.60%	35.30%	10.30%
2	板材加工	11.50%	9.30%	2.20%
3	总段制造	70%	60%	10%
4	分段制造	5.80%	0.30%	5.50%
5	船体台拢	5.50%	0.00%	5.50%
前五项总计		76.10%	47.50%	28.60%

　　再进一步仔细分析，船上安装和板材加工这前五项成本就占了全船生产成本的57.10%，其中物资和舾装件的外购外协成本就占了47.00%（35.30%+1.80%+9.30%+0.60%），占物资供应商和外协合作厂家两项成本63.10%的74.48%。可见大量的外部采购成本都是在这两个作业阶段发生的。比如钢材、主机和各种大型舾装件都是在这两个作业阶段投入使用的，特别是钢材和主机这两项就占了大约一般商船成本的25%以上。

　　从前面已经知道人工成本在船厂内部的生产成本中占了很大的比重。现在我们再进一步分析前五项人工成本（厂区内协力工和船厂直接员工）的情况。前五项人工成本占全部制造成本的16.20%，占全部人工成本24.50%的66.12%。这表明这五个作业区分集中了人工成本创造的价值。因为造船是劳动力密集的行业，人工成本是造船竞争力的重要指标，因此需要管理层高度重视这五个作业区分的劳动力管理。前五项生产作业人工成本比例分析见表7-7。

表 7-7　前五项生产作业人工成本比例分析

		含c	d	不含c+d
1	船上安装	3.20%	2.80%	6.00%
2	板材加工		3.00%	3.00%
3	总段制造		2.70%	2.70%

表 7-7（续）

		含 c	d	不含 c+d
4	分段制造	2.50%		2.50%
5	船体合拢		2.00%	2.00%
前五项总计		5.70%	10.50%	16.205

【活动二】 重置全价的确定

1 200 t 甲板驳船重置全价的确定

内河的船舶，以驳船及拖轮为主，这类船舶规格型号多，数量大。长江沿岸的大中城市均有轮船公司，各公司的船舶均以各种规格型号的驳船及拖轮为主，为了具体说明分析驳船的评估步骤，我们现以 1 200 t 甲板驳船为例，进行其重置全价的确定。

一、1 200 t 甲板驳船基本概况

本次评估的案例为 1 200 t 甲板驳船，其技术参数如下。

总长 $L=72.5$ m，型宽 $B=11$ m，型深 $H=4.4$ m，满载排水量为 1 539.59 t。

二、1 200 t 甲板驳船重置全价的确定

船舶重置全价包括材料费用、设备费用、人工费用、生产专项费用、利润及税金、资金成本等。

1. 材料费用

（1）钢材

①钢材净重 W

按船体面积估算法计算：

$$W=0.28S-31.78(\text{t})$$

式中，S 为船体面积数，$S=L(B+H)$。

得

$$S=72.5(11+4.4)=1\ 116.5$$

$$W=0.28\times1\ 116.5-31.78=280.84(\text{t})$$

取整为 281 t。

②钢材实际消耗量 W_1

$$W_1=W/\Phi$$

式中，Φ 为钢材利用率，$\Phi($驳船$)=86\%\sim90\%$，

钢材实际消耗量为 281/0.9＝312 t，又因评估基准日钢材市场价为 4 600 元/t，则

$$钢材费用=312\times4\ 600=1\ 435\ 200(元)$$

（2）焊材

焊材的总消耗量主要依据全船钢材总消耗量而定。

$$W_焊=W_1\times K_焊$$

式中　$W_焊$——全船焊接材料总消耗量，t；

W_1——全船钢材总消耗量,t;

$K_焊$——焊材消耗系数 0.019。

焊材总消耗量 $=312×0.019=5.928$ t,取整为 5.93 t

又因评估基准日焊材市场价为 4 150 元/吨,则

焊材费用 $=5.93×4 150=24 610$(元)

(3)涂料

涂料消耗量 $=$ 钢材净重 $×2\%=281×2\%=5.62$ t

评估基准日涂料市场价 15 000 元,则

涂料费用 $=5.62×15 000=84 300$(元)

(4)电缆

其计算公式为

$$L_电 = \frac{L_同\left[L_2(B_2+H_2)\right]}{L_1(B_1+H_1)}$$

式中 $L_同$——为已知同船型电缆长度,m;

L_1——为目标船船长,m;

B_1——为目标船型宽,m;

H_1——为目标船型深,m;

L_2——为已知同船型船长,m;

B_2——为已知同船型型宽,m;

H_2——为已知同船型型深,m。

参阅相关参数,1 500 t 甲板驳:$L=55$ m,$B=15.24$ m,$H=3$ m,电缆长度 700 m,则

$L=700×[55×(15.24+3)]/72.5×(11+4.4)=628.9$(m)

取整为 629 m,评估基准日电缆市场价为 15 元/m

电缆费用 $=629×15=9 435$(元)

(5)辅助材料费用

辅助材料是指不构成船舶产品本身而是制造船舶过程所需要消耗的材料:如二氧化碳、氧气、乙炔、高压氧等辅助材料,该费用可根据钢材总重量估算。

辅助材料费用 $=$ 船舶钢材总重 $×$ 钢材平均价 $×4\%$

辅助材料费用 $=312×4 600×0.04=57 408$ 元

(6)木材费用

简单的估算方法是用驳船的船员人数乘以每位船员用的数量,就可得出驳船的木材耗用量。

木材 $=2$ m^3$×3=6$ m^3

木材费用 $=6$ m^3$×$ 木材平均单价 $=6×1 500=9 000$(元)

材料费用 $=\sum(1\sim6)=1 619 953$(元)

2.设备费用

轮机设备、舾装设备、电气设备根据设备清单,通过市场询价知:轮机设备 103 970 元;舾装设备 72 100 元;电气设备 51 720 元。

3. 属具、备品费用

根据属具备品清单，通过市场询价为 53 180 元。

4. 总工时及劳务费

按每吨钢结构重量计算

$$H = W \times R$$

式中　H——船体建造工时；

　　　W——船体钢结构重量，t；

　　　R——每吨钢结构工时，h/t，通常是 75~140 h/t 左右，取 $R=100$。

$$H = 281 \times 100 = 28\ 100\ \text{h}$$

工时费用 = 总工时×工时平均单价

工时费用 = 28 100 h×20 元/h = 562 000 元

5. 生产专项费

生产专项费包括设计费、船体放样及制订样板费、船台费、下水费、船坞费、码头费、专用工夹模具费、船检费、保险费等。

根据调查了解，对于驳船，生产专项费为材料费、设备费、属具备品、工时及劳务费之和的 3%。

生产专项费 = (1 619 953+227 790+53 180+562 000)×3% = 73 888 元

6. 造船成本

造船成本等于材料费用、设备费用、属具、备品、人工费用、生产专项费用之和，即

$$造船成本 = \sum [(一) \sim (五)] = 2\ 836\ 811\ 元$$

7. 利润

根据调查了解，驳船利润为造船成本的 3%。

利润 = 2 836 811×3% = 85 104 元

8. 税金

税金 = (工时及劳务费+生产专项费+利润)×17%

= (562 000+73 888+85 104)×17%

= 122 569 元

9. 造船价格

造船价格 = 造船成本+利润+税金

造船价格 = 2 836 811+85 104+122 569 = 3 044 484 元

10. 资金成本

根据造船行业平均水平，确定该种船型的合理建造工期为半年，假定资金均匀投入，银行贷款利率为 5.40%。

资金成本 = 造船价格×合理建造工期×银行贷款利率×1/2

= 3 044 484×0.5×5.4%×0.5

= 41 101 元

11. 重置全价

重置全价 = 造船价格+资金成本

= 3 044 484+41 101

= 3 085 585 元

综上所述,船舶重置全价可通过编制表格进行归纳,各明细单价以评估基准日市场价为准。

三、确定船舶重置全价的注意事项

(1)确定船舶重置全价,首先必须了解船舶重置全价由哪几部分组成,然后对每个部分进行选择和计算。

(2)船舶重置全价的确定,在材料费用中,钢材重量的计算有多种方法,其结果相差较大,评估人员一定要经过调查了解,通常可采用核查船舶材料明细表的汇总数,最后进行选定。

(3)人工工时费用同样有多种计算方法,其结果也完全不同,评估人员一定要做充分的调查了解之后,选择一个合理的数值。

(4)评估基准日各种材料价格(包括钢材、焊材、涂料、电缆、木材等)为平均市场价。

任务二　造船成本控制

【活动一】　知识准备

一、成本预控管理

造船行业历史悠久,设计规范性好,有专门的验船机构审批,建造时有验船师检验,而且船舶设备、器材的配套厂家众多,在劳务用工、消耗定额上比较成熟。因此,实施成本预控管理是可行的。

成本预控管理是着眼于计划管理、目标成本的预算管理,即在产品成本方面通过目标成本的预算让技术、经营、采购、生产、车间、财务管理的目标明确,过程受控,责任到位。具体内容如下。

1. 材料定额管理

加强定额的制定和管理工作,实现原、辅材料的总量控制。船舶产品的原、辅材料和配套占成本的比例大,一般占总价的70%~80%。要控制物资的领用就必须先制定较为完整、准确的定额。即控制住采购的价格和采购的数量及领用的数量,这是成本预控的基础。

造船企业的定额制定或预算工作要求按如下的分类制定,以便于分类管理、控制。

(1)产品的定额制定或预算

产品的定额制定或预算包括净材料预估单(船、机、电);船体外购件清单,外协件清单;自制舾装件清单;轮机设备清单,轮机附件清单;管系阀件清单,管系附件清单(含法兰、垫片、座板、连接件、管头、弯头等);电气设备清单,电气附件清单(含电缆、灯具、插头、插座、开关等);家电清单;油漆规格书,油漆材料清单;内装规格书,内装材料清单;消防、救生设备清单;工属具清单(船、机、电)。

（2）其他定额或预算

其他定额或预算包括氧、乙炔；焊材；辅助用木材、夹板；辅助用钢材；标准件、通用件。

（3）非产品的采购或预算

非产品的采购或预算包括劳保用品，办公用品；设备更新、维修；基建更新、维修；技术（图书、资料、纸张等）；检验、计量（所需材料、维修）。

2. 采购成本管理

（1）坚持控制、比价、定点三原则

船舶产品所需材料和器材品种多、数量大，控制采购成本对工厂的经营、生产至关重要，采购管理的关键是实行制度化管理，严字当头，在选人、用人上要严，要针对性地制定物资采购管理工作的规定，用控制、比价、定点三原则的方法进行管理和控制。

控制——对价格经常变动的或缺少行业参考价的大宗物资采购，按批由部门领导主持洽谈后报厂部批准，实行二级控制。

比价——对供货厂家较多的物资采购，必须由对方报价后，按比质、比价的原则采购。

定点——对标准件、通用件、常规原辅材料、常规的五金件等，在一段时间里适时进行比质、比价后，适当定点采购。

（2）实施预算采购管理，严格报批手续

根据船舶特点，物资的采购按表 7-8 进行分类预算，经审核批准后采购，这样便于分类控制，有利于形成闭环。

表 7-8 物资采购分类

序号	名称	序号	名称
1☆	钢材类	15□	工、属具类
2*	有色金属材料类	16☆	钢质门、窗、盖等舾装件类
3☆	甲板机械类	17☆	铝门、窗、盖等舾装件类
4☆	轮机设备类	18△	铸钢、锻钢件类
5☆	电气设备类	19△	铸铜件类、锌块类
6☆	阀件类	20△	厨房设备类
7☆	管系附件类	21△	风道、风管类
8☆	电缆类	22△	玻璃钢制品类
9*	电气附件类	23△	绝缘、绝热包扎类
10*	灯、座、开关类	24□	氧气、乙炔、焊条类
11*	家电类	25*	油漆类
12*	木材、板等装饰材料类	26*	油类
13*	洁具、砖、敷料等水作材料类	27*	铭牌类
14□	消防、救生设备类	28□	其他类

注：有色金属铸件类要求一律拉去毛刀后计净重。

☆——属重点控制的项目，根据行业参考价，比价采购。

△——多属外协，缺少定额，易有漏洞，经预算后才能订货。

*——容易有漏洞，一律凭定额采购。

□——比质比价采购。

3. 入库、领料管理

（1）在物资入库验收时，按表7-8的各分类制定细则，严把质量、计量验收关。

（2）在领料管理上，调整管理控制的职能。在产品领料的管理上，由归口部门或项目组或项目负责人实行统一管理，根据预算和定额对产品的领料进行控制。对定额不完善的或无定额的各类物资要进行二级预算来控制领料，也可以采取单项项目费用总量控制的办法，取消部门随意领料的做法。全外包(包工、包料)工程一律不许在厂内领料。

（3）内部之间协作涉及领料的，一律由定制方扎口。

（4）不用于产品的物资领料管理，如劳保用品、设备维修、工具、量具、办公用品等，一律纳入统一控制之中。经分类预算后或纳入劳务承包中或纳入部门、车间的管理费用中，达到总量控制的目的。

4. 管理费用控制

加强财务管理在成本管理中的指导和控制作用，特别在管理费用的控制上要起到管理中心的作用，通过抓管理费用的总量控制，促进职能部门、车间由单一的生产型向生产管理型转变。

（1）根据工厂经营多品种产品特点和工厂设备特点，合理管理、分摊能源费用，对产品成本的分析、控制能起到总量控制的作用，同时还能提高职能部门、车间成本管理的意识，促进他们向生产管理型转变。

（2）车间制造费用中的设备、设施维修费控制，每年度进行分类预算。实施由职能部门对费用总量控制，由车间具体执行的预算管理。

（3）对各工种包括外包工的工具等低值易耗品、劳保用品的管理，经测算后制定统一标准，根据承接的产量实行费用包干到人或队。

（4）办公用品、图书资料、用车管理和差旅费等的管理费用实行严格的集中管理，堵住漏洞避免浪费。此外，现场管理、半废料、废料的管理也需要制定相应的规定，不断提高管理水平，增加效益。

5. 工时、劳务管理

造船企业应根据本企业的条件和特点，对不同产品的工时、劳务成本作相应的调整，按表7-9制定各工种工时、劳务核算价格表。同时，还要结合具体的生产组织形式进行管理控制，不断提高定额水平、管理水平，真正做到过程受控，成本总量受控。

表7-9   各工种工时、劳务核算价格表

序号	劳务、工资项目	工时/h	劳务核算价格/元
1	放样		
2	下料、加工		
3	船体、火工、碳刨		
4	金加工、钳加工		
5	管工		

表 7-9(续)

序号	劳务、工资项目	工时/h	劳务核算价格/元
6	舾装		
7	木工		
8	水电工		
9	油漆		
10	配运、杂工		
11	辅助、其他		
合计			

二、全过程成本控制

造船企业全过程成本控制,是指将成本控制的起始点延伸到造船企业的经营报价和设计阶段,即主要成本形成阶段,通过从项目的起点开始,直到项目完成交付的整个过程的成本控制,使成本能够在最佳时间点得到控制,并能够实时动态反馈,从根本上保证造船企业目标利润的实现。船舶制造企业全过程成本体系结构图如图 7-3 所示。

1. 报价阶段的成本控制

(1)材料成本的控制

船舶产品最主要的原材料是钢材,所以控制的重点是钢材成本。

①钢材数量的控制。提高钢材利用率,减少钢材用量;对设计进行成本控制,对于不同的设计方案,在满足技术要求的前提下,达到成本性能比最佳;对船东要求更改的项目进行严格控制;企业内部挖潜,推进企业转模,提倡全员成本意识。

②钢材单价的控制。造船企业要同钢厂进行洽谈,形成一个稳定的基础价格,共同应对市场的波动风险,以达到双赢;造船企业扩大与主要钢厂的合作方式和合作内容,从单一的供求关系改变为战略联盟的伙伴关系。

(2)设备成本的控制

在设计过程中控制设备的选型,与材料的控制同时进行,由经营人员参与到设计过程与技术谈判过程中去,用"成本观念"对不同的设计方案进行评优和选择;对厂商表内的厂商进行严格筛选。在确定厂商表时,一方面要掌握厂商的供货能力,再有就是掌握设备厂商的质量、信誉情况;对主要设备进行询价,利用协议锁定其价格范围。

(3)生产专用费用的控制

报价阶段所要控制的专用费用,是指那些将对外支付的专用费用,包括船检费、设计费、保险费、佣金、代理费、银行保函费等。控制方法包括利用批量,减少每船分摊的费用额,以及和设备一样,通过询价、比价、定价来锁定费用范围。

2. 合同承接后的目标成本分解

为使成本分解合理化、科学化,并使分解后的目标成本得以落实,在实践中应充分利用询价阶段所取得的数据和与供应商达成的协议,在此基础上依据详细设计情况分解目标成本;厂领导承担总体指标的原则;实行自上而下的逐级确保原则;可控性原则;综合性、可操作性与激励性原则。

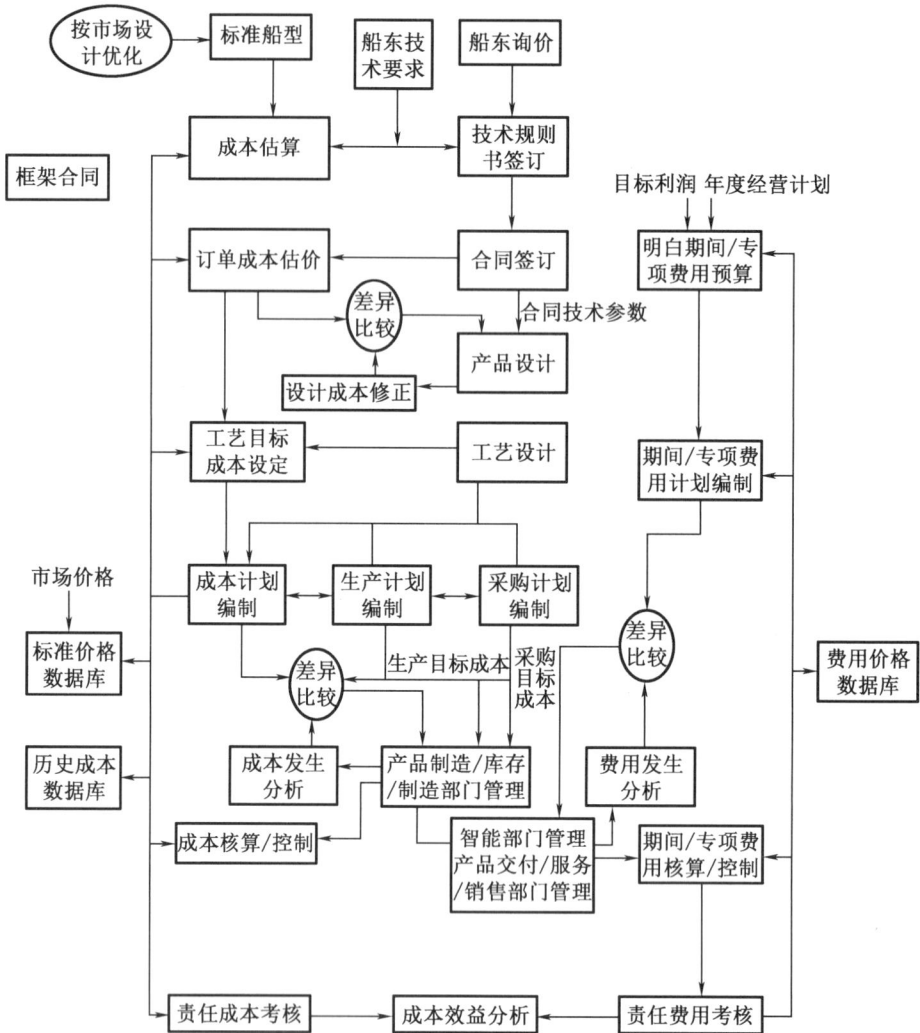

图 7-3　船舶建造企业全过程成本体系结构图

3. 合同执行期的目标成本控制

合同执行期主要是物耗成本,影响物耗成本的因素主要有两个方面:数量和单价。单价的责任单位是采购部门。数量的责任单位主要是技术部门和生产部门,生产部门还对下料差异费用、损耗、废品等负责。

价格的责任单位为采购部门,在采购过程中要充分利用报价阶段与供应商达成的协议;充分利用报价阶段的信息资源;采取比价采购、货比三家的竞争机制,在报价阶段的基础上再降低设备、材料的价格;集中大批量采购,增加船厂谈价能力;建立长期的固定的供货渠道;建立有效、完整的采购控制机制和奖惩机制。物资采购控制机制如图 7-4 所示。

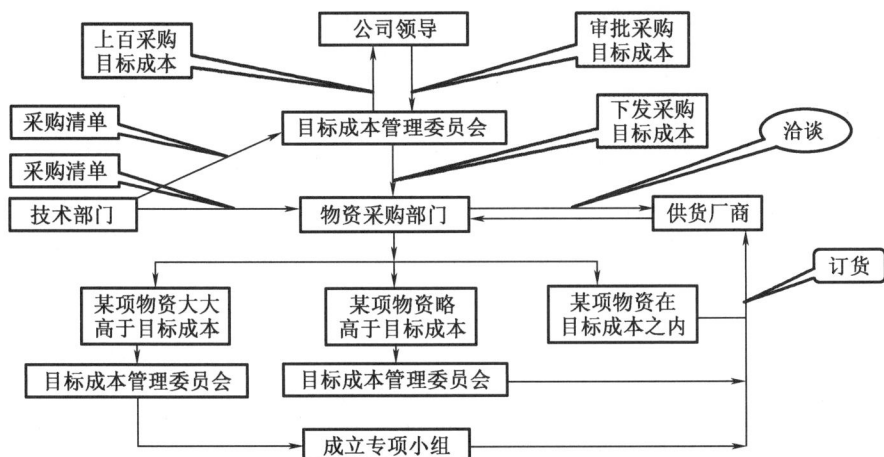

图 7-4 物资采购控制机制

4. 合同执行完毕后的成本分析

成本费用分析与反馈是成本控制工作的总结和评价。通过成本费用分析,可以促使企业改善经营管理,加强经济核算,努力降低产品成本和期间费用,提高企业经济效益,特别对企业的长期发展有利。船舶产品完工成本分析主要是为了发现产品价格竞争力的不足之处,从而针对差距和问题,采取措施降低成本,增强企业的市场竞争力,提高企业的盈利水平。

二、精益造船

精益造船由精益生产演变而来。精益生产的核心内容是准时制生产方式(T),该种方式通过看板管理,成功地制止了过量生产,实现了"在必要的时刻生产必要数量的必要产品"从而彻底消除了产品制造过程中的浪费,以及由其衍生出来的种种间接浪费,实现生产过程的合理性、高效性和灵活性。实质上,在造船工业中提倡精益生产,从根本上节省了人工成本和物资成本。

(一)精益生产概念

精益生产是在 JIT 生产方式、成组技术(GT)以及全面质量管理(TQC)的基础上逐步完善的,它制造了一幅以精益生产为屋顶,以 JIT、GT、TQC 为三根支柱,以并行工程和小组化工作方式为基础的建筑画面。它强调以社会需求为驱动,以人为中心,以简化为手段,以技术为支撑,以"尽善尽美"为目标,主张消除一切不产生附加价值的活动和资源,从系统观点出发,将企业中所有功能合理地加以组合,以利用最少的资源、最低的成本向顾客提供高质量的产品服务,使企业获得最大利润和最佳应变能力,其主要特征如下。

第一,简化生产制造过程,合理利用时间,实行拉动式的准时生产,杜绝一切超前,超量生产。

第二,简化企业的组织结构,采用"分布自适应生产",提倡面向对象的组织形式,强调

❖权力下放给项目小组,发挥项目组的作用,采用项目组协作方式而不是等级关系,项目组不仅完成生产任务而且参与企业管理,从事各种改进活动。

第三,精简岗位与人员,每个生产岗位必须是增值的,否则就撤出,在一定岗位的员工都是一专多能,互相替补,而不是严格的专业分工。

第四,简化产品开发和生产准备工作,采取"主查"制和并行工程的方法。克服了大量生产方式中由于分工过细造成的信息传递慢、协调难、开发周期长的缺点。

第五,"零缺陷"的工作目标。精益生产的目标不是尽可能好一些,而是"零缺陷",即最低成本、最好质量、无废品、零库存与产品的多样性。

(二)精益造船

"精益造船"望文生义就是追求精益求精,是企业保持持续改进、持续发展、持续提升的精神渊源。所谓"精益",就是要消除一切造船生产过程中的浪费。

1.产品价值链

精益生产把产品生产全过程分成两大部分。一部分叫作有效时间,另一部分叫作无效时间。在传统造船模式当中,无效时间远远大于有效时间。

产品生产的全部意义是为了满足市场和客户的需要。从满足市场和客户需求的角度考虑,有效时间是市场和客户需要的(有价值的,增值的),而无效时间是市场和客户不需要的(无价值的,不增值的)。因此,任何在生产过程中产生无效时间的现象就是浪费。仔细分析造船船体的制作过程,我们可以发现这样的事实(图7-5),任何无效时间都会造成生产的停顿,就会产生浪费。传统造船模式往往注重于提高作业加工的生产效率,通过设备的更新改造、工艺技术的进步和工人的熟练技能,想方设法缩短有效作业时间来提高产量。精益造船模式更注重于缩短无效时间来缩短生产周期,从而大大减少中间环节的浪费。我们称这种主要通过缩短无效时间来缩短造船周期、提高造船质量和降低造船成本的思考为精益造船思想。

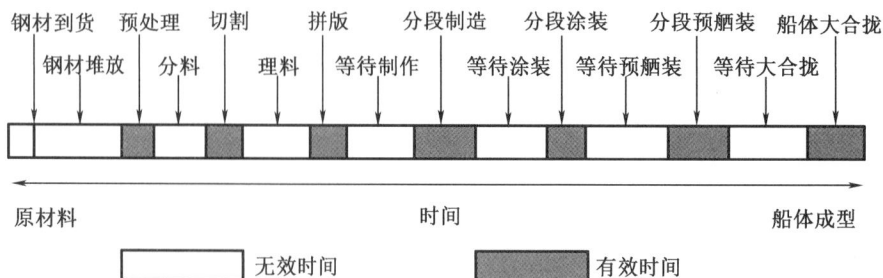

图7-5　船体制造过程有效和无效时间分析

2.单件流水作业

造船过程最大的浪费就是生产过剩。在传统造船(图7-6)模式中,为了扩大生产总量,常常追求设备的最大利用率,这就需要组织批量生产,组织批量生产,生产准备时间长和在制品库存多是不可避免的,因此生产过剩也就成为必然。理想的精益造船(图7-7)是让每一个部件和中间产品都能做到连续不断地生产,按客户要求按时完成生产,不提前也不拖后。把相同类型的中间产品,一件一件地组织连续不断的传送带式的流水作业,或称为单件流水作业。组织单件流水作业,要做到连续不断生产,追求零库存管理,就可以减少生产过剩。

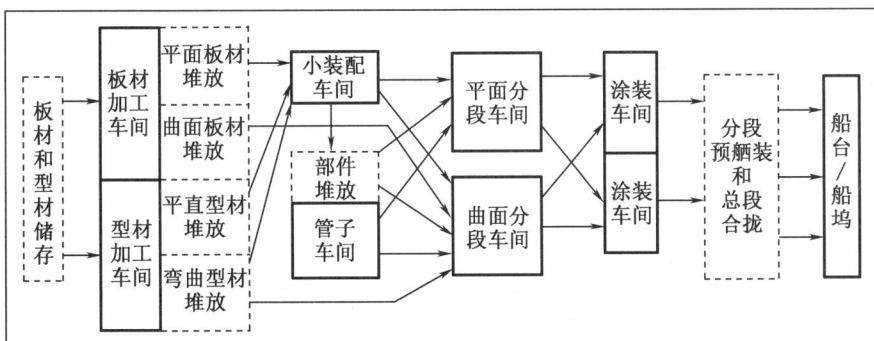

图7-6　传统造船船体加工流程

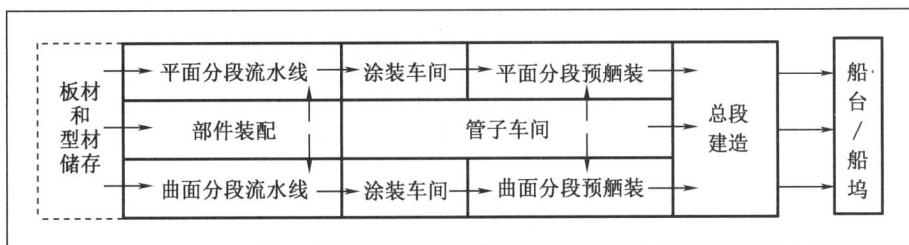

图7-7　精益造船船体加工流程

库存会掩盖许多管理问题,如质量和进度等,不等到库存缺货,不会暴露问题,就不能把问题解决在萌芽状态,也不会引起管理层足够的重视。时间一长往往很难判断问题的根本原因。

单件流水作业,只要一出现问题,就需要立即解决,否则生产就会停顿,就会直接影响后续生产。这样就增加了问题的严重性,会让管理层充分重视,也会使问题得到充分彻底地暴露,解决问题的迫切性就加大了。这样有利于把问题解决在源头和萌芽状态。

3. 拉动计划体系

传统造船模式通常由管理部门制定全公司的生产计划,然后按照公司的组织机构,层层下达计划,由下级机构按照公司总的计划要求,去制定具体的实施计划。这样的计划往往要求纵向到底、横向到边,从上到下、从前向后地推动,是一个推动计划体系。对公司计划人员的业务素质要求非常高,计划策划必须对全公司的情况和资源非常熟悉,否则计划就难以落实。一般情况下,计划工作很难做得非常具体、非常细。这样,计划执行的随意性就比较大,计划执行过程的控制就比较难。

精益造船的单船生产计划就是按照交船期和船厂总体生产安排的要求,先制定出有生产节拍的船体大合拢计划和分段制造计划。然后从船体大合拢计划和分段制造计划出发,

❖根据平面分段和曲面分段流水线的生产节奏,包括涂装和预舾装,以及板材型材和管子加工等,按照拉动原理从后向前一级一级地由作业者(系或者工段)制订各自的作业计划、物料计划和劳动力计划。然后由生产主管部门进行综合平衡,将作业计划与物料计划和劳动力计划进行平衡,做到作业计划和物料计划的统一,作业计划与劳动力计划的统一,最后汇总成全公司的年度和月度生产计划。

4. 准时生产(JIT)和零缺陷施工

准时生产和零缺陷施工是精益造船模式的两个最重要的理念,是保证质量、成本和周期目标实现的根本。

"准时生产"就是在需要的时候,按照需要的数量,生产需要的产品不允许出现任何人员和物料的等工现象。组织准时生产的最大好处,就是可以大大减少人工和物资的浪费,没有库存,没有闲置劳动力。

准时造船就是要组织单件流水作业生产线,运用成组技术和族制造原理,按照造船作业的系统/区域/类型阶段,组织柔性的相似的中间产品分道和流水的作业生产线,真正形成一件接着一件、按照生产节拍交付产品的传送带式生产。造船的板材加工、型材加工、管材加工、单元舾装、小组立、平面分段和曲面分段的生产都可以组织单件流水作业,其中间产品可以按零部件和构件来划分,也可以按分段和舾装单元来划分。组织单件流水作业的真正目的是消除生产过程中所有无效时间的浪费。在造船过程中,只要有无效时间存在,就有不断改进完善的可能。比如,许多船厂在造船周期紧张的时候,经常通过扩大分段储备量,用外场促内场的生产方式来加快造船进度,就是一种浪费的生产方式。精益造船要求按照生产需求组织有节拍的分段制作,把分段储备减少到最低的程度。

"零缺陷施工"就是要把所有的施工质量问题都消除在源头,消除在萌芽状态。这就需要组织全员的质量自主管理,贯彻"质量是做出来的"的思想,谁做谁检查,谁做谁负责修复缺陷。要求作业者严格按作业基准一次作业合格,保证自检互检后的产品质量100%合格,决不允许有次品流入下道工序。组织造船精度管理和全员质量管理,加强质量自主管理体系建设,减少质量专职检验人员。零缺陷施工的最大好处,就是可以把质量问题消除在源头,节约了大量人工检验和缺陷返修的成本,同时还大大缩短了生产周期。

5. 均衡生产和生产节拍

为了保证生产能够连续不断,同时又能满足产品需求节奏,就需要组织均衡生产,让生产处于一种有节奏的状态当中。这样,就需要运用成组技术原理,合理设计单件流水生产每一个工位的作业量,计算出生产节拍。生产节拍也可以称为客户需求周期,可以描述为总生产时间除以客户需求数量,表示客户需要一个产品的平均必要时间。

$$生产节拍=总生产时间÷客户需求数量$$

生产节拍对于造船来说,可以是每半天需要生产个批次的管子,或者每天搭载两个分段。组织有生产节拍的造船生产,船体可以分段为单位;舾装可以托盘和单元为单位,管子和零部件可以批次为单位。设计生产节拍是精益造船的一个目标,通过建立有节拍的生产来组织均衡连续的准时造船,让生产更加流畅。

在一些固定的分段合拢胎架上,也可以组织有生产节拍的流水作业。往往是作业人员移动,而加工分段和工具设备不动。当装配工完成装配作业从胎架 B 移动到胎架 C 的时候,电焊工正好完成电焊作业从胎架 A 移动到胎架 B。

由于单件流水作业能够大幅度减少浪费,提高劳动生产效率,要尽可能组织有生产节拍的单件流水作业。为了适应精益造船中间产品的单件流水作业,精益造船的劳动组织形式要按照系统/区域/类型/阶段来划分,如内业、外业、小组立、大组立、管子、机装、船装、电装、内装、涂装等。

不均衡分段制造如图 7-8 所示,均衡有节拍分段制造如图 7-9 所示。

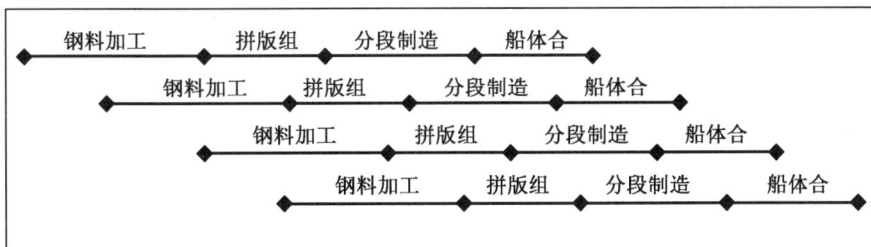

图 7-8　不均衡分段制造

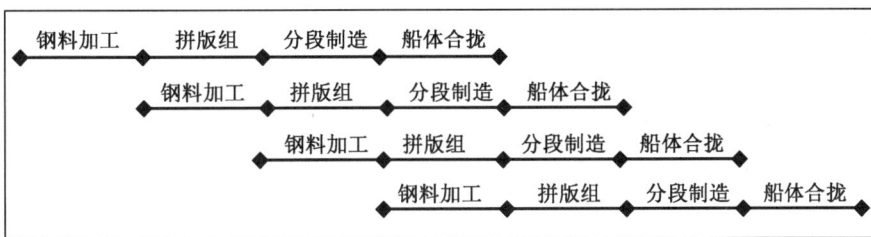

图 7-9　均衡有节拍分段制造

【活动二】　成本控制分析

31.8 万 t VLCC 艉部结构设计降本分析

31.8 万 t VLCC 整体设计指标如下所示。结构质量约为 37 304 t,钢材利用率约为 92%,高强钢比例约为 60%,艉部结构质量约为 1 154 t。

31.8 万 t VLCC 艉部结构设计以中石油 32 万吨 VLCC 为母型船进行参考设计,结构质量如表 7-10 所示(包含船艉结构质量)。

表 7-10　31.8 万 t VLCC 与中石油 32 万 t VLCC 艉部结构质量

序号	产品	艉部结构质量/t	减重/t
1	中石油 32 万 t	1 340	
2	KOTC 31.8 万 t	1 154	186

艉部结构图主要从以下几个方面进行降本设计。

协商淡水舱和蒸馏水仓的位置布置,使各个液舱舱壁与结构布置的强框架位置保持一致,避免强结构的重复设置,减少强度冗余降低结构质量。

艉部 20 m 平台与舵机舱平台间外板结构,由横向结构改为纵向结构,其中 9 道肋板或肋骨被纵骨取代,从而减小了结构重量,以 FR1 剖面为例,详见图 7-10 和图 7-11。

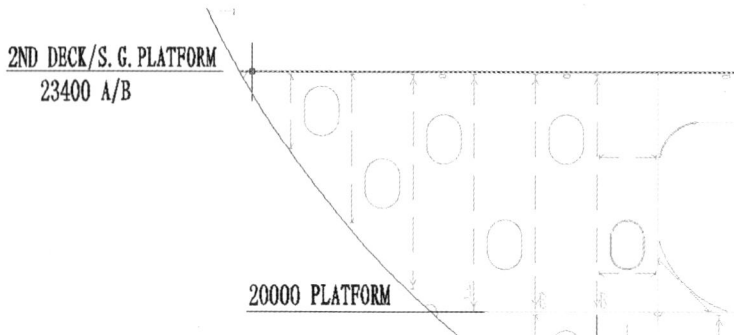

图 7-10　原 32 万 t FR1 剖面

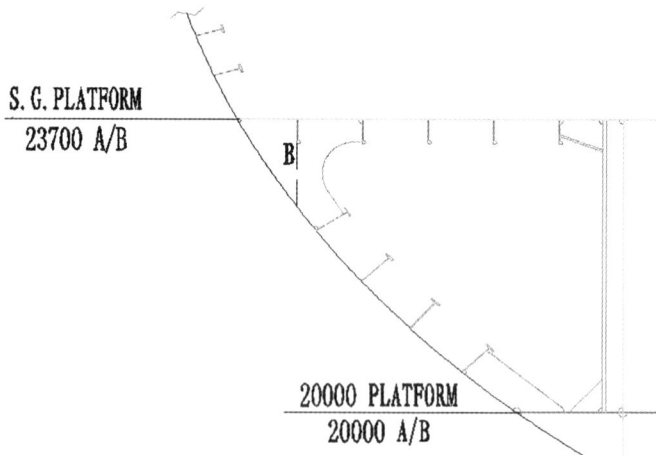

图 7-11　31.8 万 t FR1 剖面

(1)艉部结构甲板、平台板、舱壁板精细化设计,压缩强度冗余。由于上述位置面积大,结构板厚细微的变化也会产生较大的质量变化,因此在满足规范及规格书的基础上应尽量降低板厚(表 7-11)。

表 7-11　31.8 万 t VLCC 与中石油 32 万 t VLCC 各部分板厚

序号		中石油 32	KOTC 31.8
1	舵机舱平台	13.5	13
2	20 米平台	12.5	12
3	FR17 号舱壁	14、16.5、17.5	13、14.5、16

(2)艉尖舱内平台流水孔改为减轻孔加流水孔结合的方式,这种形式既增加了流水面积又减轻了结构质量。

(3)31.8 万 t VLCC 的舵杆由弯舵杆改为直舵杆,舵隧区域结构简化,厚板区域变小减小了结构质量。

【课后习题】

一、判断题

1. 船舶建造成本是指船厂为建造该船发生的一切直接和间接费用的总和。   (   )

2. 成本分类习惯各国各厂不尽相同,但其主要组成部分皆为原材料、配套设备、劳务费用。   (   )

3. 船舶建造成本若按专业划分:船舶建造成本 = 船体费 + 轮机费 + 电器费 + 属具、备品费 + 生产专用费 + 其他费用。   (   )

4. 不同类型、不同技术要求和不同标准的船舶,其成本组成的比例相同。   (   )

5. 我国配套设备费占建造成本的 40% 以上,而世界主要造船的其他国家和地区配套设备费占建造成本的 40% 以下,这是我国造船产业的优势。   (   )

6. 世界主要造船国家和地区原材料费约占建造成本的 25%。   (   )

7. 加强定额的制定和管理工作,能实现原、辅材料的总量控制。   (   )

8. 船舶采购种类繁多,需要灵活掌握,不需要严格报批手续。   (   )

9. 采购成本管理需坚持控制、比价、定点三原则。   (   )

10. 在物资入库验收时,应各分类制定细则,严把质量、计量验收关。   (   )

11. 工时、劳务管理,造船企业应根据本企业的条件和特点,对不同产品的工时、劳务成本作相应的调整,按下表制定各工种工时、劳务核算价格表。   (   )

12. 造船成本管理结合具体的生产组织形式进行管理控制,不断提高定额水平、管理水平,真正做到过程受控,成本总量受控。   (   )

13. 不用于产品的物资领料管理,如劳保用品、设备维修、工具、量具、办公用品等,一律纳入统一控制之中。   (   )

14. 办公用品、图书资料、用车管理和差旅费等的管理费用实行严格的集中管理,堵住漏洞避免浪费。   (   )

15. 半废料、废料价值属于额外收益,不需要进行成本管理。   (   )

16. 船舶制造企业全过程成本控制的含义是指将成本控制的起始点延伸到船舶制造企业的经营报价和设计阶段直到项目完成交付的整个过程的成本控制,从根本上保证造船企业目标利润的实现。   (   )

17. 船舶制造企业全过程成本控制有"成本控制的起点延伸到经营报价阶段,成本控制中心前移"的特点。   (   )

18. 船舶制造企业全过程成本控制有"成本控制主体向经营人员倾斜"的特点。   (   )

19. 船舶制造企业全过程成本控制有"项目全过程动态控制"的特点。   (   )

20.船舶制造企业全过程成本控制有"时间和空间上的立体拓展"的特点。 （　　）

21.造船企业要同钢厂进行洽谈,形成一个稳定的基础价格,共同应对市场的波动风险,以达到双赢。 （　　）

22.设计时,要进行成本控制,对于不同的设计方案,在满足技术要求的前提下,达到成本性能比最佳。 （　　）

23.影响物耗成本的因素主要有两个方面:数量和单价。单价的责任单位是生产部门。 （　　）

24.影响物耗成本的因素主要有两个方面:数量和单价。数量的责任单位主要是采购部门和生产部门。 （　　）

25.成本费用分析与反馈是成本控制工作的总结和评价。 （　　）

26.作业成本管理的特点是:面向制造全过程,由或大或小的作业构成,包括产品设计、材料供应、质量检验、生产、产品销售等所有环节,在此过程中体现了全面质量管理,实现全面成本控制。 （　　）

27.目标成本管理是被动性的成本管理。 （　　）

28.由于造船技术、工艺的差别,目标利润确定较难,目标成本订制较困难,目标成本较难分解成责任成本,将压力传递给全体员工及外包劳务公司。 （　　）

29.我国的责任成本管理研究和发展比西方要早。 （　　）

30.责任成本管理融合了预算管理、定额管理、财务管理、会计核算等管理方法,系统性强,涉及面广。 （　　）

31.我国与国内外先进造修船及其配套企业相比,在成本工程及精细化管理方面仍然存在一定差距。 （　　）

32.责任成本管理采用了全员、全方位的全面管理思想。 （　　）

二、单选题

1._____是指劳务费包括船体、轮机、船装、电气等施工的劳务费用。

A.劳务费　　　　　B.配套设备费　　　　C.原材料费　　　　D.管理费

2._____包括主机、发电机组、各种辅机、起货设备、甲板机械、通信导航设备、电气设备、备品及属具等的费用。

A.劳务费　　　　　B.配套设备费　　　　C.原材料费　　　　D.管理费

3._____包括钢材、焊条、焊丝、有色金属材料、涂料、木材、绝缘敷料、电缆、辅料的费用。

A.劳务费　　　　　B.配套设备费　　　　C.原材料费　　　　D.管理费

4._____包括生产管理费、科研设计费、检验入级费、投标报价费、外事招待费、试验交船费、不可预见费的费用。

A.劳务费　　　　　B.配套设备费　　　　C.原材料费　　　　D.管理费

5._____是指对价格经常变动的或缺少行业参考价的大宗物资采购,按批由部门领导主持洽谈后报厂部批准,实行二级控制。

A.控制　　　　　　B.比价　　　　　　C.定点

6._____是指对供货厂家较多的物资采购,必须由对方报价后,按比质、比价的原则采购。

　　A. 控制　　　　　　B. 比价　　　　　　C. 定点

7._____是指对标准件、通用件、常规原辅材料、常规的五金件等,在一段时间里适时进行比质、比价后,适当定点采购。

　　A. 控制　　　　　　B. 比价　　　　　　C. 定点

8. 作业成本法的本质是以"作业单元"代替_____,作为企业管理的源头和核心,从成本对象与资源耗费的因果关系着手,着重关注成本动因,将间接费用分配到作业,再按作业计入成本对象。

　　A. 成本　　　　　　B. 作业　　　　　　C. 产品

9._____世纪,资本主义国家资本家为了实现加强企业内部控制和降低成本的目的,建立了责任成本管理制度。

　　A. 19　　　　　　　B. 20　　　　　　　C. 21

10. 国外的责任成本管理制度的发展经历了_____个阶段。

　　A. 3　　　　　　　　B. 2　　　　　　　　C. 1